Kääntykää Jumalan puoleen

Parannussaarna

Kääntykää Jumalan puoleen

Parannussaarna.

Erittäin hyvä ja hyödyllinen saarna.

Tämän saarnan on pitänyt Essexin Leessä
Jumalan sanan palvelija Arthur Dent.

Julkaistu monien uskovien hartaiden
pyyntöjen vuoksi vuonna 1581.

*Ne, jotka kunnioittavat turhuuden
tyhjänpäiväisyyksiä, hylkäävät armon,
jota heille tarjotaan* (Joona 2:8).

Alkuperäisteos: **Arthur Dent, A sermon of repentaunce. Lontoo 1582**
Käännös: **Sirkka Perälä**
Taitto: **Aukusti Kuoppala, Tamkopio Oy**

Raamattusitaatit ovat Raamattu kansalle ry:n käännöksestä ja Geneva Bible:stä (GNV).

Kustantaja: BoD – Books on Demand, Helsinki, Suomi
Valmistaja: BoD - Books on Demand GmbH, Norderstedt, Saksa
ISBN: **978-952-804-561-8**

LUKIJALLE

Aluksi vastustin jyrkästi tätä vähäisen leiviskäni avulla tuottamani hengentuotteen julkaisemista ja levittämistä. Se oli mielestäni kynttilänvaloa keskellä päivää. Pidin parempana, että muiden miesten paljon arvokkaammat hengentuotteet kirjoitettaisiin muistiin ja julkaistaisiin.

Kuitenkin monet, jotka olivat paikan päällä kuulemassa, kun pidin tämän saarnan, alkoivat heti vaatia yhä voimakkaammin sen julkaisemista. He perustelivat toiveensa niin hyvin, etten voinut panna vastaan.

Niinpä lopulta suostuin heidän pyyntöönsä, ja tämä hiomaton tuote tuli julkiseen myyntiin.

Älköön kukaan pahoittako mieltään siksi, että en ole pyrkinyt korkealentoisuuteen enkä ihmisviisauden tai oppineisuuden esiin tuomiseen, turhamaisuutta pullistellen – puhkuen ja pullistellen niin, että sitten poksahtaa ja lässähtää. Sellainen ei ole minun tapani.

Tavoittelen erityisesti yksinkertaisten ja tietämättömien pelastumista. Siksi asetun heidän tasolleen ja esitän asiat niin, että hekin käsittävät.

Rakas lukijani, pyydän sinulta myötämielisyyttä vilpittömiä tavoitteitani kohtaan. Lue tämä ennakkoluulottomasti, ota tätä kautta saatava hyöty mielihyvin vastaan, niin Jumala on oleva sinulle suosiollinen ja antava rauhan omalletunnollesi.

A.D.

ELLETTE KÄÄNNY, TE KAIKKI TUHOUDUTTE.

Samaan aikaan muutamat paikalla olevista kertoivat Jeesukselle niistä galilealaisista, joiden veren Pilatus oli sekoittanut heidän uhrieläintensä vereen. Jeesus vastasi heille: "Luuletteko, että nämä galilealaiset olivat syntisempiä kuin kaikki muut galilealaiset, koska he saivat näin kärsiä? Minä sanon teille: eivät suinkaan! Mutta ellette käänny, samoin te kaikki tuhoudutte. Entä ne kahdeksantoista, jotka saivat surmansa, kun torni kaatui Siloassa heidän päälleen? Luuletteko, että he olivat syyllisempiä kuin kaikki muut ihmiset, jotka asuvat Jerusalemissa? Minä sanon teille: eivät suinkaan!
Mutta ellette käänny, samoin te kaikki tuhoudutte." (Luuk. 13:1-5.)

Näillä sanoilla Herramme ja Vapahtajamme Jeesus Kristus vastasi kyselyihin koskien galilealaisia, joiden oma veri oli sekoittunut heidän uhrieläintensä vereen, kun Pilatus murhautti heidät kesken uhritoimitusta.

Kyselijät olettivat näiden surmattujen galilealaisten olleen pahempia syntisiä kuin muut galilealaiset, koska he joutuivat kärsimään tällaisen kohtalon. Samaa he ajattelivat niistä kahdeksastatoista, jotka kuolivat Siloassa kaatuneen tornin alle; he arvelivat heidän olleen paljon pahempia syntisiä kuin muut Jerusalemin asukkaat.

Tässä tuli nyt pinnan alta näkyviin synnynnäinen turmeltuneisuus, joka on kaikkien ihmisten ominaisuus, nimittäin halu katsella tarkasti muiden pahuutta ja syntejä sekä tuomita ne ankarasti, mutta pysyä samalla itseensä hyvin tyytyväisenä ja sokeana omalle pahuudelleen.

He päättelivät jatkossakin säästyvänsä tällaisilta kovilta rangaistuksilta siksi, etteivät he olleet erityisen pahoja ja syntisiä, vaan he katsoivat olevansa Jumalan erityisessä suosiossa. Tällainen väärä näkemys on monella: uskotaan, että ne ihmiset ovat kaikkein pahimpia, joita Jumala ruoskii eniten, ne, joita hän rankaisee kovalla kädellä.

Samalla unohdetaan, ettei Jumala toimi täällä alhaalla minkään mitta-asteikon mukaan. Hän ei aina rankaise, kun ihmiset syyllistyvät pahimpiin tekoihinsa, eikä aina suosi ja hemmottele, kun he tekevät parhaansa.

Ei, vaan hän ohjaa ihmisiä esimerkkitapausten avulla, siten kuin hän hyväksi näkee.

Näiden esimerkkitapausten tulisi toimia peileinä, joista kukin näkisi kuvastuvan omat kasvonsa ja kohtalonsa. Peileinä, joista Jumala näkyisi ankarana rankaisijana synnistä.

Esimerkkitapaukset ovat ihmisille opetukseksi, jotta he pelon vallassa tutkailisivat omia ratkaisujaan ja sitä, mitä niistä voi seurata.

Ne, jotka kertoivat Vapahtajallemme Kristukselle näistä tapauksista, olivat kokonaan sivuuttaneet tapauksista saatavan opetuksen. Siksi Vapahtajamme täytyi välittömästi oikaista heidän erheelliset ja väärät käsityksensä. Hänen täytyi opettaa heille, ettei pidä iloita toisten saadessa ansaitsemansa rangaistus, vaan siitä pitää ottaa opiksi ja kääntyä tekemään parannus.

Vapahtaja selostaa heille, ettei Jumala aina rankaise ankarimmin julkirikollisia, kuten murhaajia, varkaita, ryöväreitä, seksirikollisia, jumalanpilkkaajia, riitapukareita, herjaajia tms., vaan säästää heitä aina suureen tuomiopäivään asti, aivan kuin teurastuspäivään asti lihotettavaa karjaa. Siksi Vapahtaja antaa kyselijöille kielteisen vastauksen: ei, ei suinkaan, ei todellakaan, mutta jos te itse ette käänny parannuksentekoon, tuhoudutte samalla tavalla.

Aivan kuin Vapahtaja kysyisi näin: Oletteko tosiaan sitä mieltä, että ainoastaan törkeimmät pahantekijät saavat rangaistuksensa tässä maailmassa, mutta muut eivät? Eli olivatko mainitut galilealaiset ja ne kahdeksantoista tornin alle jäänyttä kovempia pahantekijöitä kuin muut? Eli uskotteko sellaisilta rangaistuksilta vältyttyänne voivanne kätkeytyä pimentoon ja välttää Jumalan tuomion?

Ei, ette voi! Te olette harhakäsitystenne vallassa! Sillä minä sanon teille, että jos ette sure ja valittele tekemäänne pahaa ettekä pääse minkäänlaiseen sovintoon Jumalan kanssa täällä ajassa (tämän sanon juuri sinulle, joka olet aina valmis tuomitsemaan muita ja olet omasta mielestäsi moitteeton), te ette joudu tuhon omiksi edellä kuvatuin tavoin ainoastaan nykyisessä maailmassa, vaan te tulette tuhoon tuomituiksi myös tulevassa maailmassa, ikuisiksi ajoiksi.

Näissä Vapahtajan sanoissa jylisee kaikkein kauhistavin tuomion sanoma meitä kaikkia kohti. Hän tekee täysin selväksi, että jokainen ihminen, joka elää täällä maan päällä, olipa hän sitten ylhäinen tai alhainen, rikas tai köyhä, nuori tai vanha, aatelinen tai ei, sivistynyt tai sivistymätön, olipa hänellä valtaa tai ei, kuuluipa hän mihin tahansa yhteiskuntaluokkaan tai olipa hänellä mitään asemaa tai ei, eli oli hän siis mitä tahansa; niin jos hän elää ja kuolee kääntymättä eli tekemättä parannusta, on hän joutuva kadotukseen eli hänet tuomitaan helvetin tuleen ikiajoiksi.

Tämä tuomion sanoma leimuaa ja jyrisee kautta Raamatun kuin ukkonen: *Mutta se, joka ei usko, on jo tuomittu* (Joh. 3:18). *Tutkikaa itseänne, oletteko uskossa. Koetelkaa itseänne. Vai ettekö tunne itseänne, ettekö tunne, että Jeesus Kristus on teissä? Ellei näin ole, te ette kestä koetusta.* (2 Kor. 13:5.) Eli teidät hylätään.

Tässä apostoli tekee ilmiselväksi, että ne, joiden sydämessä ei Kristus asu uskon kautta – uskon, joka käy käsi kädessä kääntymyksen kanssa – ovat samassa jamassa kuin hylkiöt tai rangaistukseen tuomitut.

Nykyään suurimmalla osalla ihmisistä ei ole oikeaa käsitystä kääntymisestä. He eivät tiedä mitä tai millaista kääntymys on, miten se ilmenee ja mitä se vaikuttaa, mikä saa ihmisen kääntymään ja mikä taas estää kääntymästä. He eivät myöskään tiedä miksi ja milloin meidän pitäisi kääntyä katuvina tekemään parannus.

Siksi aion nyt opettaa seuraavaa:

Ensiksi, mitä kääntyminen (eli parannus eli eheytyminen) on. Toiseksi, mitä kääntyminen vaikuttaa, mikä muuttuu. Kolmanneksi, milloin meidän tulee kääntyä. Neljänneksi, mikä auttaa meitä kääntymään. Ja viidenneksi eli viimeiseksi, mikä estää meitä kääntymästä.

Vaikka kaikki eivät ehkä pidä järjestelmällisestä opetusmetodistani, jonka käyttö ei minulle tyypillistä olekaan, niin katson sen soveltuvan tämän asian avaamiseen. Ja nyt itse asiaan.

MITÄ KÄÄNTYMINEN (ELI EHEYTYMINEN ELI PARANNUS) ON.

Kääntyminen on jatkuvaa tunnontuskaa, sydänsurua ja katumusta syntien vuoksi. Siihen liittyy sekä usko että sisäinen ja ulkoinen parannus.

Sisäinen parannus eli eheytyminen tarkoittaa sydämen muutosta: ajatusten, tunteiden ja asenteiden muuttumista, ja ulkoinen parannus tarkoittaa sanojen ja tekojen muuttumista pahoista hyviksi.

Daavidin kääntymys oli epäilemättä juuri tätä. Kun profeetta Natan oli nuhdellut häntä henkilökohtaisesti ja saanut hänet näkemään omat syntinsä, niin siinä tilanteessa Daavid ei itsepäisesti puolustellut tekosiaan eikä noussut Jumalaa vastaan. Hän ei pahoitellut tekojaan salaa eikä peitellyt niitä, vaan huusi tuskaisin sydämin: "Minä olen tehnyt pahaa!"

Tästä aiheesta hän kirjoitti psalmin 51, psalmin, joka uhkuu syvää ja raskasta tuskaa. Siinä profeetta Daavid valittaa lankeemuksiaan ja syntejään. Hän rukoilee itselleen uutta sydäntä ja uutta henkeä, uusia ajatuksia, uutta mieltä ja uutta tahtotilaa parantaakseen elämäänsä.

Täten me saamme nähdä Daavidin sisäisen murheen ja sen, miten hän oli katumuksen ja tunnontuskien vallassa kauan. (Tämä tulee psalmeissa jatkuvasti esiin, aivan kuin katselisimme Daavidille tehtävää ruumiinavausta ja anatomista tutkimusta.) Me saamme myös nähdä hänessä tapahtuneen suuren muutoksen eli reformaation. Muutos koski sekä sisäistä että ulkoista pahuutta ja syntejä.

Katso, tästä näet, mitä oikea kääntyminen on!

Pyhän Pietarin tarina on vastaavanlainen. Hän oli heikkouksissaan kieltänyt Herransa ja Mestarinsa, Kristuksen. Hänen omatuntonsa alkoi kolkuttaa ja hän koki heräyksen kukon kiekuessa. Sitten hän poistui ylipapin kartanolta raskain sydämin, katkerasti itkien. (Matt. 26:69-75.)

Mutta sen jälkeen hän tunnusti Kristuksen aina rohkeasti, kuolemaansa asti.

Katso, tätä on kääntymys!

Kun Vanhan Testamentin profeetat kehottavat vastahakoisia juutalaisia katumaan ja tekemään parannusta, heillä on tapana ilmaista asia heprean verbillä *shuwb*, joka merkitsee kääntymistä ja palaamista. Näin he sanovat: "kääntykää, kääntykää ympäri ja palatkaa takaisin."

Tällä kielikuvalla viitataan tieltään eksyneeseen, reitiltään kauas pois harhautuneeseen, jonka pitää kääntyä vastakkaiseen suuntaan ja palata takaisin.

Samoin niiden, jotka ovat lähteneet pois hyviltä, jumalanmieleisiltä teiltä pahoille teille, tulee palata mitä kiireimmin ja muuttaa elämänsä suunta kertakaikkisesti.

Kääntyminen on sitä, että käännymme tosissamme Jumalan puoleen koko sydämestämme, sielustamme ja mielestämme.

Kun Uudessa testamentissa Pyhä Johannes Kastaja ja apostolit kehottavat ihmisiä kääntymään katumukseen ja parannukseen, he käyttävät kreikan sanaa *metanoeo*, joka merkitsee jälkeenpäin tapahtuvaa mielenmuutosta, paluuta takaisin tolkuilleen.

Ne, jotka typeryyttään ja ymmärtämättömyyttään ovat suistuneet synnin syvään ja vaaralliseen kuiluun ja pahuuden nieluun; kun he tulevat tuntoihinsa ja takaisin järkiinsä, ja viisastuvat jälkikäteen, he varovat horjahtamasta kuiluun enää koskaan uudelleen.

Tätä kuvaa sanonta: palanut lapsi tulta karttelee.

Toivon, että nyt näet, mitä kääntyminen on. Se ei ole mitä tahansa murehtimista, vaan murhetta ja surua synnin, oman pahuuden ja pahojen tekojen vuoksi. Ei vain joidenkin, vaan kaiken oman synnin ja pahan vuoksi. Ei hetkessä ohimenevää katumusta ja synninsurua, vaan jatkuvaa; ei päivässä eikä edes viikossa ohimenevää, vaan pysyvämpää: oma pahuus surettaa ja kaduttaa meitä niin kauan kuin me elämme.

Jotkut luulevat, että aina kun murehtii, kyse on aidosta synnin surusta, tosi katumuksesta ja kääntymisestä. Näin ajatellen täytyisi kaikkia maailmanmielisiäkin pitää oikeasti katuvina.

Toisten mielestä silloin katuu ja kääntyy, kun vähänkin tiedostaa tehneensä pahaa. Näin ajatellen tulisi faaraotakin pitää kääntyneenä ja parannuksen tehneenä. (2. Moos. 9:27, 10:16, 17.)

Myös ajatellaan, että itkeminen ja valittaminen on yhtä kuin oikea kääntymys. Näin ajatellen olisi myös Eesauta, Juudasta ja Kainia pidettävä aidosti katuneina ja parannuksen tehneinä.

Joidenkin mielestä kääntyminen on sitä, kun vähän nöyrtyy. Tällöin pitäisi myös Ahab katsoa kääntyneeksi. (1. Kun. 21:27.)

Lupaukset ja aikeet kääntyä tekemään parannus ovat monen mielestä sama asia kuin itse kääntyminen. Sairasvuoteella näitä lupauksia tehdään, joten kaikki sairaat tulisi täten luokitella kääntyneiksi.

Jotkut pitävät kääntymisenä sitä, että muuttaa eli reformoi elämänsä ja puheensa parempaan suuntaan. Sellainen onnistuu kunnon kansalaisilta, joten tällä perusteella heitäkin olisi pidettävä aidosti kääntyneinä.

Huudahdusta *Herra armahda!* pidetään myös kääntymisenä. Mikäli näin olisi, jokainen typeryskin olisi jo kääntynyt.

Tästä huomaat, miten monilla on aivan väärä käsitys kääntymisestä. Mutta jos tahdot tietää, mitä kääntyminen oikeasti on, palaa hiukan taaksepäin, alussa kirjoitettuun.

Oikea kääntyminen ei ole sitä, että yhden päivän ajan pitää päätään kumarruksissa, eli riiputtaa päätään kuin kaisla tähkäänsä (Jes. 58:5) tai huutaa opitusti: "Herra armahda!" tms.

Ei, vaan sen, joka vilpittömästi haluaa kääntyä, on huolellisesti tarkasteltava elettyä elämäänsä ja tehtävä siitä tarkkaa tiliä, niin kuin teki profeetta Daavid. *Minä tutkin teitäni ja käännän askeleeni sinun todistuksiasi kohti* (Ps. 119:59).

Jokaisen, joka aikoo kääntyä, tulee vetäytyä huoneeseensa tai muuhun rauhalliseen paikkaan, jossa hänellä on mahdollisuus tulla tuntoihinsa ja sisäisesti herkistyä tuntemaan syntinsä ja pahuutensa. Tavoitteena on tiedostaa oma pahuus ja syntisyys sekä monenlaiset raskaat rikkomukset ja niiden todellinen luonne. Näin toimitaan Danielin kirjan yhdeksännessä luvussa. (Dan. 9.)

Siinä Jumalan seurakunta tunnustaa syyllisyytensä. Se ei tapahdu kevyesti ja pintapuolisesti, vaan raskain mielin, rikkomus rikkomukselta syntiä ja pahaa tuodaan perin pohjin esiin.

Ei siis riitä, että sanoo: olen toiminut väärin eli syyllistynyt syntiin, vaan on sanottava tähän tapaan:

Olen tehnyt syntiä ja vääryyttä tekemällä erittäin suuren petoksen. Olen tehnyt pahaa itsepintaisesti, mistään välittämättä. Olen tehnyt vääryyttä ja kapinoinut Jumalaa vastaan. Olen elänyt kuin hirviö tietyssä paikassa, tietyssä talossa, tietyssä seurassa ja tiettyyn aikaan. Eräässä pimeässä nurkkauksessa olen syntisesti harrastanut seksiä salaa ajatellen, että kukaan ei näe. Makuuhuoneessa olen naapurin vaimon kanssa tehnyt aviorikoksen, nyt omatuntoni syyttää minua siitä. Tietyssä seurassa olen juonut itseni juovuksiin. Olen vastustanut ja pilkannut Jumalan sanaa ja sen julistajia. Voimasanoja ja rivouksia en ole suustani säästellyt.

Voi! Herrani, Herrani, mikä kauhea hirviö ja kurja raukka minä oikein olenkaan!

Tässä minä nyt seison sinun edessäsi aivan alastomana, sokeana, haavoittuneena, köyhänä ja kurjana raukkana. Olen tuhatkertaisesti ansainnut tulla tuomituksi kadotukseen, jos sinä viet minut oikeuteen ja tuomitset lakisi mukaan. Siksi pyydän: osoita minua kohtaan sääliä ja myötätuntoa. Voitele haavani armon öljyllä. Palauta näkökykyni. Peitä alastomuuteni vaatteellasi. Vie minut köyhyydestä rikkauteen. Muuta heikkouteni voimakkuudeksi. Auta minua, syvälle langennutta. Voi, ethän käske minua pois luotasi!

Äitiin vaikuttaa vastasyntyneen parkuminen, isänkin sydän heltyy, kun lapsi itkee. Isäntään vaikuttaa palvelijan nöyrä pyyntö.

Herrani, eikö siis nöyrä pyyntöni vaikuttaisi sinuun?

Se, joka rukoilee Jumalaa tähän tapaan, tultuaan tuntoihinsa ja alettuaan tutkia itseään yhä tarkemmin ja tarkemmin, on varmasti kääntymyksen tiellä.

Voi, miten moni tässä maailmassa on sokeasti erehtynyt siitä, mitä kääntyminen todella tarkoittaa. He ovat sokeita kuin yököt ja maan matoset. He ovat harhautuneet kauas itse asiasta, he käyttävät sanoja kääntyminen tai parannuksen tekeminen ymmärtämättä niiden sisältöä. Näin he pettävät itseään.

Moni tosin puhuu kääntymisestä, mutta harva kuitenkaan kääntyy. Kääntymys on monen huulilla, mutta harvan sydän sen tuntee. Moni kuvailee kääntymistä, mutta harva sitä tajuaa. Maailmalta se on salattu ja lukittu ja paljastettu ainoastaan Jumalan lapsille.

Moni luulee kokeneensa sen, vaikka heillä on siitä vain harmaa aavistus. Se on niin korkea, että harva siihen yltää, mutta niin syvä, että harva sen pohjan tavoittaa.

Se on niin kapea, että harva sen läpi pääsee, mutta niin laaja, että harva sen laajuuden käsittää.

Se on niin liukas, että harva pystyy pitämään siitä kiinni.

Se on niin piilossa, että harva sen löytää.

Siksi, rakkaat veljet, pyydän, että yhdessä rukoilemme Jumalaamme, että hän avaisi meille tämän salaisuuden, joka on maailmalta kätketty, niin että saisimme todella nähdä, ymmärtää, kokea ja löytää sen, sekä tuntea sen ja näin saada ikuisen lohdun, Jeesuksen Kristuksen kautta; antakoon hän meille tämän armon.

MITÄ KÄÄNTYMINEN VAIKUTTAA, MIKÄ MUUTTUU.

Kääntymätön jää siunausta vaille.

Ja nyt tarkastelemme, mitä kääntyminen saa aikaan, eli millaista parannuksen hedelmää se tuottaa.

Kääntymisessä tapahtuu aina aivan erityistä, nimittäin syntivelan nollaus, eli pahat teot saadaan sovitettua. Sillä aina, kun syntinen tosissaan katuu ja kääntyy, siitä seuraa aivan varmasti syntien sovitus, syntivelan maksu. Ei sillä tavoin, että tehty paha voitaisiin hyvittää ja sovittaa katumalla. Ei, vaan siellä, missä Jumala vaikuttaa katumuksen ja kääntymyksen, siellä hän myös antaa pahat teot anteeksi, sillä hän on luvannut tehdä niin.

Tämä tulee esiin Hesekielin kirjasta: *Ja jos jumalaton kääntyy harjoittamastaan jumalattomuudesta ja toimii oikein ja vanhurskaasti, hän pelastaa sielunsa. Koska hän ymmärsi kääntyä kaikista synneistään, joita oli tehnyt, hän totisesti saa elää eikä hänen tarvitse kuolla.* (Hes. 18:27, 28.)

Samaa löytyy myös Jesajan kirjasta: *Jumalaton hylätköön tiensä ja väärintekijä ajatuksensa ja palatkoon Herran luo, niin hän armahtaa, ja meidän Jumalamme luo, sillä hänellä on paljon anteeksiantamusta.* (Jes. 55:7.)

Näistä jakeista näemme, keiden osana on saada Jumalalta armo ja synnit anteeksi. Tämä kuuluu nimenomaan katuvaisille syntisille: niille, jotka hylkäävät synnin ja omaksuvat Jumalan mieleisen elämäntavan, niille, jotka luopuvat entisistä tavoistaan ja ajatuksistaan ja kääntyvät palaamaan Jumalan luo.

Mitä taas tulee niihin, jotka kulkevat pahoja teitään synneistä nauttien, surutta ja vailla katumuksen häivää ja vailla pienintäkään

aikomusta vaihtaa suuntaa, heille ei vähimmässäkään määrin
kuulu Jumalan armo.

Vaikka Jeesus olisi kärsinyt ja kuollut sata kertaa (mahdotonta
sinänsä), niin nekään kuolemat eivät toisi katumattomalle
syntiselle syntien sovitusta, eivätkä Jeesuksen
uusintakärsimyksetkään hyödyttäisi katumatonta millään tavoin.

Jeesuksen tekemä sovitustyö, kuolema ja kärsimykset syntien
vuoksi kuuluvat ainoastaan hänen seurakunnalleen, valituille
ihmisille täällä maan päällä. Se, joka ei kuulu hänen
seurakuntaansa, eli ei ole oksastettu Kristukseen uskon avulla, se
ei ole jäsenenä hänen mystisessä kehossaan eikä saa itselleen
mitään hyötyä Kristuksen kuolemasta.

*Jos joku ei pysy minussa, hänet heitetään pois kuin oksa - ja se
kuivettuu. Kuivat oksat kootaan yhteen, heitetään tuleen ja
poltetaan.* (Joh. 15:6.)

Saamme lukea Mooseksen viidennen kirjan luvusta 29, miten
Jumala tuhoaa paatuneet pahantekijät. Hän evää heiltä armonsa ja
hyökkää heitä vastaan mitä kauhistuttavimmin.

*Joka kuulee nämä kirouksen sanat, ja siitä huolimatta siunaa
itseään sydämessään, sanoen: minulla tulee olemaan rauha,
vaikka kuljen paatunein sydämin ja vaikka juovuksissakin minua
janottaa yhä enemmän; niin häntä kohtaan Herra ei tule olemaan
armahtava, vaan Herran vihan ja kiivauden savu osuu häneen, ja
kaikki tähän kirjaan kirjoitetut kiroukset leimahtavat ja
kohdistuvat häneen.* (5 Moos. 29:18, 19 GB.)

Täten Jumala ilmaisee selvästi, ettei hän armahda ketään, joka
ilomielin nauttii synnistä ja pahuudesta, kulkee synnistä ja
turhuudesta toiseen paatunein sydämin, ja juovuksissakin janoaa
lisää, eli tekee aina vaan pahempia syntejä.

Tämän tietäen voi vain ihmetellä, miten maan sokeat matoset pettävät itseään.

He ajattelevat, ettei sillä ole väliä, mitä he sanovat tai tekevät. Heidän mielestään on ihan sama, tekevätkö he hyvää vai pahaa, ja että sekin on ihan sama, kääntyvätkö he katumaan ja tekemään parannusta vai eivätkö käänny. He luulevat joka tapauksessa pelastuvansa ja pääsevänsä taivaaseen Kristuksen kuoleman ansiosta.

Kristuksen kuolemalla he pönkittävät pahantekoaan, näin he toimivat Kristuksen vastaisesti.

Joku sanoo näin: "Luotan pelastuvani Kristuksen kuoleman ansiosta, siinä kuin paraskin meistä."

Mutta missä on katumuksesi ja kääntymyksesi, sinä kurja raukka? Ajatteletko, että Jumala armahtaa kaikki? Luuletko voivasi puolustella syntejäsi Kristuksen kuolemaan vetoamalla?

Ei, et voi. On pysäyttävä hetki, kun tilintekosi alkaa. Silloin huomaat kaiken olevan aivan toisin kuin kuvittelit. Huomaat Jumalan armahduksen muuttuneen tuomioksi ja Kristuksen kuoleman karvaaksi kuin koiruoho. Siksi, että vihasit tietoa etkä halunnut pelätä Jumalaa.

Tästä näette, rakkaat veljeni, että ensin pitää katuen kääntyä ja vasta sitten voi saada syntinsä anteeksi. Jos kääntymistä ei tapahdu, Jumalan armon portit pysyvät kiinni.

Tämä on kaikkein olennaisinta.

Kääntyminen muuttaa ihmistä.

Kääntyminen muuttaa ihmisen erilaiseksi kuin ennen. Kyse ei ole fyysisestä muutoksesta tai ulkonäön muuttumisesta, vaan kyse on sisäisestä mielenmuutoksesta.

Aidosti kääntyneessä ihmisessä tulee vähitellen näkyviin suurenmoisia ja ihmeellisen ihania muutoksia. Kääntynyt ei toimi samaan tapaan kuin ennen. Hän ei puhu samoin kuin ennen. Hän ei viihdy samassa seurassa kuin ennen. Enää hän ei vanhojen kavereidensa kanssa juokse riettauden tulvaan, kuten ennen.

Ja tämäkös maailmaa ihmetyttää! Se saa maailman ihmiset ärhentelemään hänelle suu vaahdossa kuin villisiat ja puhumaan pahaa niistä, jotka ovat kääntyneet kohti Jumalaa.

Maailma näet rakastaa omiaan eikä siedä, että Jumala nyppää siltä siivestä sulan. Kääntymys riuhtaisee ihmiset irti Saatanan kynsistä ja saa heidän ominaisuutensa, jotka ovat olleet maailmalle tyypillisiä, muuttumaan.

Kääntyminen muuttaa ylpeän nöyräksi ja ilkeän sopuisaksi. Julmasta se tekee lempeän. Kääntyminen muuttaa sudet karitsoiksi ja leijonat lampaiksi. Syntinen seksielämä vaihtuu siveydeksi. Juopot raitistuvat. Voimasanojen käyttäjät siistivät suunsa. Vihamieliset muuttuvat rakastaviksi ja epäystävälliset ystävällisiksi. Pilkkaajista tulee mukana kulkijoita. Maalliset muuttuvat taivaallisiksi ja perkeleet pyhiksi. Kaiken tämän saa aikaan kääntyminen.

Paavali matkasi kohti Damaskosta sutena, vainoajana, verenhimoisena, vihaisena ja halveksivana; mutta ennen kuin hän pääsi perille, hänen mielensä oli täysin muuttunut ja puhdistunut. Niin voimakas ja väkevä oli se, joka kohtasi hänet tiellä.

Silloin kun Jeesus Kristus lähetti Pyhän Hengen oppilaidensa ylle, kuten oli luvannut, Jerusalemissa oli pilkkaajia, jotka herjasivat sanoen: "He ovat täynnä uutta viiniä." Mutta kohta samat pilkkaajat yksi toisensa jälkeen huusivat itku kurkussa: "Miehet ja veljet, mitä meidän pitää tehdä, jotta pelastuisimme?" Siinä tapahtui tosi ihmeellinen ja äkillinen muutos.

Kun Jumala vasaroi kääntymyksen ihmissydämeen kuin naulan, jonka hän lyö pohjaan asti, siinä on valtava voima mukana. Tapahtuu sellaista, mihin ihmiset viisaudessaan tai voimassaan eivät kykene ja jota he eivät kykene edes selittämään, vaikka he yrittäisivät kaikin keinoin. Vaikka he löisivät viisaat päänsä yhteen ja miettisivät päänsä puhki, he eivät sittenkään osaisi sanoa, miten ihminen saadaan sydämestään muuttumaan ja tekemään täyskäännös kohti Jumalaa.

Kääntymyksessä on voimaa enemmän kuin koko maailmassa yhteensä. Sen vaikuttavuutta ei ihminen voi järjellään käsittää, eikä tajuta suurimmallakaan älyllään tai laajimmallakaan ymmärryksellään, sillä syntisen kääntyminen jää inhimillisen käsityskyvyn ulkopuolelle. Kääntymisen saa aikaan yliluonnollinen voima.

Meillä on nyt tässä peili, josta voimme katsella itseämme nähdäksemme, olemmeko kääntyneet vai emmekö ole. Mikäli emme näe itsessämme todellista muutosta, emme ole kokeneet kääntymistä. Siten olemme vielä tuomittuja.

Tarkastelkoon nyt jokainen itseään havaitakseen, missä määrin hän on muuttunut ja hylännyt entisen huonon elämänsä – muutos heijastaa hänen kääntymisensä astetta. Mutta se, joka on pysynyt samanlaisena kuin mitä hän oli kolme, neljä tai kahdeksan vuotta sitten, ei, jopa kolmekymmentä vuotta sitten, niin varmastikaan hän ei ole kääntynyt, ja siitä syystä hänen kadotustuomionsa on edelleen voimassa.

Minua ihmetyttää sellaiset ihmiset, jotka eivät ole kokeneet itsessään mitään muutosta, vaan tuntevat selvästi, etteivät ole muuttuneet (vaikka eivät muutoksesta paljoa ymmärräkään), niin silti he luottavat pelastuvansa.

Ehkä he eivät ota tätä uskonoppia todesta ja ehkä he pitävät sitä vääränä. Nämä ihmiset haluaisin saattaa kosketuksiin niiden kanssa, jotka ovat aiemmin olleet samassa pisteessä kuin he nyt. Hekin pitivät itseään ja elämäänsä riittävän hyvänä, vaikka heidän arviointikykynsä oli pimentynyt sokeaksi ja heidän elämänsä turmeltunut.

Olen tuntenut ja tunnen vieläkin ihmisiä, jotka saivat osakseen arvostusta ennen kääntymistään ja sisäistä muutostaan. Heidät nähtiin kunnollisina ja aina toisista huolehtivina ihmisinä, jotka antavat leivästään muillekin. Heitä arvostettiin kaikkein kunnollisimpina ihmisinä mitä olla saattaa, sellaisina, jotka tekevät rehtiä kauppaa, ovat joka suhteessa rehellisiä ja isännöivät ja emännöivät kotiaan vähintään yhtä hyvin kuin naapurinsakin. Niin, samaa he itsekin ajattelivat itsestään.

Mutta sitten he alkoivat tuntea kääntymisprosessin muuttavan heitä, kun Pyhä Henki ja saarnattu sana alkoi vaikuttaa heihin. He saivat uuden sydämen ja uudet silmät nähdäkseen ja ymmärtääkseen paremmin. He pääsivät kuin sumusta pois. Silloin he alkoivat ihmetellä, missä sakeassa sumussa ja synkässä pimeydessä he olivat olleet, ja sanoivat painokkaasti, etteivät enää halunneet palata entiseen olotilaansa, ei, vaikka saisivat kaikki maailman rikkaudet. He olivat varmoja, että jos he olisivat kuolleet entisenlaisina, heidät olisi tuomittu kadotukseen.

Mutta miettikääpä, millä tolalla he aiemmin olivat? Eivätkö he olleetkin kunnon ihmisiä, rehellisiä ja kaikin puolin arvostettuja?

Varmasti maailma katsoi heitä juuri näin, mutta nyt he ajattelivat itsestään täysin päinvastaisesti. Heidän silmänsä olivat avautuneet ja heidän arviointikykynsä oli kirkastunut. Nyt he näkivät sitä, mitä eivät olleet aiemmin nähneet. Nyt he ymmärsivät, että Jumala tuomitsee monet niistä, jotka maailma jättää tuomitsematta.

Minä ajattelen, että tämän esimerkin tulisi vaikuttaa kunnollisiin maailman ihmisiin, jotta he katsoisivat omaan itseensä tarkasti ja tuntisivat, missä kurjassa jamassa he Jumalan edessä ovat.

Aiemmin mainitut kunnon ihmiset olivat kunnollisuudessaan ja rehellisyydessään näiden viimeksi mainittujen kanssa, jotka eivät tällä hetkellä tunne itseään, samalla tasolla ennen kääntymistään. Silti he kääntymisensä jälkeen tunnustivat aiemmin olleensa kadotuksen syvään kuiluun suistuneita ja helvetin pohjaan vajonneita.

Jolla on korvat kuulla, se kuulkoon, ja jolla on silmät nähdä, se nähköön!

Jos ihmiset uskottelevat pääsevänsä taivaaseen ilman tuntuvaa muutosta, ilman katumusta ja parannuksen tekemistä, se käy heille lopulta hyvin kalliiksi. Kerran toteutuvat Kristuksen sanat – joka ei käänny, tuomitaan kadotukseen – tarkoittavat, että se, joka ei tunne ja koe kääntymystä ja jossa ei tule esiin kääntymisen seurannaisvaikutuksia, tuomitaan.

Kääntyminen tuo aina mukanaan seurannaisvaikutukset. Jos ne puuttuvat, kyse ei ole oikeanlaisesta kääntymisestä.

Kristus sanoo: "jos ette käänny, te kaikki hukutte". Hän tarkoittaa sanoillaan seuraavaa: jos ette tunne, mitä tosi kääntyminen on, jos ette omassatunnossanne tunne saaneenne syntejänne anteeksi, jos ette tunne muuttuneenne sydämen pohjia myöten, ja jos ette ole hylänneet pahoja tekojanne ja tapojanne, niin teidät tuomitaan kadotukseen aivan varmasti.

Seitsemän kääntymisen vaikutusta.

Mutta mennään nyt vähän eteenpäin ja tarkastellaan kääntymistä
ja sen vaikutuksia lisää. Toisessa kirjeessään korinttilaisille,
luvussa seitsemän, apostoli tuo esiin seitsemän asiaa, mitä
kääntyminen vaikuttaa.

Katsokaa, kuinka suurta intoa juuri tuo Jumalan mielen
mukainen murehtiminen on saanut teissä aikaan, mitä
puolustautumista, paheksumista ja pelkoa, mitä ikävöimistä,
kiivautta ja rankaisemista!*

Ensinnä

Apostoli tuo esiin, miten kääntynyt alkaa tarkasti huolehtia
monista asioista, ja että se tapahtuu innolla. *Katsokaa*, hän sanoo,
kuinka suurta intoa juuri tuo Jumalan mielen mukainen
murehtiminen on saanut teissä aikaan* (2. Kor. 7:11).

Kääntynyt miettii tosissaan, miten voisi olla Jumalalle mieliksi.
Oikeaa katumista ja kääntymistä seuraa aina tarkka asioista
huolehtiminen.

Huolehditaan Jumalan tahdon noudattamisesta tarkasti.
Huolehditaan hyvästä omastatunnosta. Huolehditaan kotielämän
parantamisesta. Huolehditaan vaimon, lasten ja palvelijoiden
ohjaamisesta tuntemaan Jumalaa, sekä huolehditaan heidän
kanssaan rukoilemisesta aamuin ja illoin.

Eli kyseessä on kokonaisvaltainen ja tarkka huolenpito Jumalan
antamista velvoitteista. Täten kääntymys ei ole huolettomuutta
vaan huolellisuutta.

*) Geneva Biblessä on tässä kohtaa sana *care*, huolenpito.

Älköön kukaan, joka viettää koko elämänsä huolettomasti omien himojensa ja halujensa mukaan, turvallisuuden tunteeseen tuudittautuen, kuvitelko tehneensä hengellisen täyskäännöksen. Tämä koskee myös niitä, jotka viettävät elämänsä päivästä päivään, kuukaudesta ja vuodesta toiseen tyhjänpäiväisesti. He pelaavat ja viihdyttävät itseään joutilaina. He nautiskelevat ja rietastelevat. Velvollisuutensa he jättävät tekemättä, Jumalan he unohtavat ja kaikkeen hyvään he suhtautuvat halveksuen.

Omasta mielestään he ovat kääntyneet ja tehneet parannuksen synneistään, siksi he toivovat pääsevänsä taivaaseen siinä kuin muutkin.

Mutta voi, miten sopii yhteen synnin katuminen ja synnistä nauttiminen? Tai synnin vihaaminen ja synnin rakastaminen? Tai pako pahuudesta ja paluu pahuuteen?

Minusta näyttää siltä, että tällaisilla ihmisillä on kova halu saada Pyhä Paavali näyttämään valehtelijalta, kun tämä tuo ilmi, että kääntyneitä ovat ainoastaan ne, jotka kääntymisensä jälkeen pyrkivät innolla ja tarkoin toimimaan Jumalan mielen mukaan.

Nämä ihmiset sanovat tehneensä parannuksen, katuneensa ja kääntyneensä, ja tekevänsä parannusta jatkuvasti, vaikka he elävät erittäin huonoa elämää, mistään välittämättä.

Mutta jos kaikki estottomat rietastelijat, saastaiset seksinharrastajat, hävyttömät huorintekijät, ahnaat mässäilijät ja huolettomat hulttiot pääsevät Jumalan valtakuntaan ja pelastuvat, niin edellä mainituillakin on mahdollisuus pelastua yhdessä heidän kanssaan, huolettoman kääntymyksensä avulla.

Toisena

kääntymisen seurauksena apostoli mainitsee puolustautumisen eli
omasta syyllisyydestä puhdistautumisen. Se tapahtuu, kun synti
aiheuttaa syyllisyydentuntoa ja pahat teot painavat tunnolla. Kun
synti ja Saatana pelästyttävät katuvaisen syntisparan omantunnon,
hän rientää Jumalan luokse pyytämään anteeksiantoa, Jeesuksen
Kristuksen kautta, ja sillä tavoin hän puolustaa itseään syntiä ja
Saatanaa vastaan ja puhdistautuu syyllisyydestä.

Hän menettelee, kuten seksirikoksesta tai muusta huomattavasta
rikoksesta epäilty menettelee oikeudessa. Hänen pitää
puhdistautua saamistaan syytteistä eli todistaa syyttömyytensä.

Siten myös omatunto, jonka Saatana on haastanut oikeuteen,
Jumalan tuomioistuimen eteen, puhdistautuu katuen, kääntyen ja
pyytäen anteeksiantoa Jeesuksen Kristuksen kautta.

Tässä saamme nähdä, mitä ihanaa hedelmää katuvainen omatunto
tuottaa. Se ei pysty jäämään synnin ja syytösten alle, se ei pysty
tyyntymään, ennen kuin se on päässyt Jumalan kanssa sovintoon
ja saanut rauhan.

Kun uskova on tehnyt jotain pahaa ja väärää, hänen omatuntonsa
huomauttaa siitä. Teko alkaa painaa tunnolla raskaana kuin lyijy.
Olo muuttuu tukalaksi. Hän ei pysty nukkumaan rauhallisesti.
Näin jatkuu, kunnes hän etsiytyy johonkin soppeen, jossa hän voi
itkeä ja valittaa sydämensä pohjasta, sekä tunnustaa Jumalalle
kaiken avoimesti. Tällä tavoin hän puhdistautuu Jeesuksen
Kristuksen kautta ja saa omaltatunnoltaan todistuksen, että hänen
tekemänsä paha on annettu anteeksi.

Jumalaton toimii päinvastaisesti. Kun omatunto kolkuttaa ja
syyttää tehdystä pahasta, hän häätää ja häivyttää mielestään
sellaiset ajatukset, hän suorastaan kävelee niiden yli.

Kohta hän ottaa esiin pelikortit tai lautapelin ja hakeutuu hauskaan seuraan viettämään aikaa haihduttaakseen omantuntonsa syytökset pois mielestään. Todellisuudessa hän kasvattaa syyllisyytensä taakkaa ja mädättää itseään sisäisesti.

Kolmantena

kääntymisen seurauksena tulee paheksuminen. Kääntynyt paheksuu syvästi ja vihaa tulisesti syntiä ja pahaa. Omien pahojen tekojen muistelu puistattaa ja vavisuttaa niin, että hampaat kalisevat kauhusta.

Katuvalle on tyypillistä, että hän inhoaa ja kammoksuu kaikkea syntiä ja pahaa sydämensä pohjasta; niin omia kuin toistenkin syntejä. Hän vihaa niitä kuin Perkelettä itseään, joka on kaiken synnin ja pahan taustavoima. Hän pakenee syntiä kuin sielunsa surmaajaa, kuin pyöveliä, joka katkaisee kaulan tai hirttää. Hän tietää, että ainut, mikä sokeuttaa, kovettaa, paaduttaa, erottaa Jumalasta ja tuottaa sekä fyysiset että henkiset tuskat ja vaivat, on synti.

Siksi hän sylkäisee kohti syntiä inhoten ja ällöten ja tukkii nenänsä haistaessaan synnin hajun.

Neljäntenä

kääntymisen seurauksena mainitaan pelko. Se on erityistä Jumalan kunnioittamista, pelkoa, ettei vaan loukkaisi häntä.

Tällainen pelko on katuvaisella syntisellä aina. Heikkoutensa ja voimattomuutensa tunnossa hän on peloissaan ja toivoo, ettei Jumala vähimmässäkään määrin eväisi häneltä armoa ja hylkäisi häntä. Hän toimii pelastuksensa hyväksi peläten ja vavisten.

Hän ei oleta voivansa tehdä pahojaan aiemmin saamansa armon turvin. Jumala on ollut hänelle laupias ja hän on saanut maistaa Jumalasta hyvää. Mutta niiden kokemusten nojalla hän ei tahdo sallia itselleen pienimpiäkään syntejä ajatellen, että mitäs niistä, tekeväthän jotkut Jumalan lapset paljon pahempaa. Ei, vaan hän säikähtää vähäisintäkin synnin vaikutusta ja pelkää houkutuksia, joihin Saatana yrittää saada hänet lankeamaan. Hän kauhistuu tuntiessaan kiusausta tyydyttää syntisiä himojaan, ja mieluummin taistelee syntiä vastaan aina, kun synti hyökkää häntä vastaan.

Jumalan pelko on hänelle joka hetki todellisuutta, kuten oli hurskaalle Joosefillekin, Potifarin vaimon yrittäessä saada häntä lankeamaan. Pelonsekainen kunnioitus Jumalaa kohtaan suojaa kääntynyttä kuin vahva linna, ja se on kuin elämän lähde ja keino välttyä kuoleman ansalangoilta.

Viidentenä

kääntymisen vaikutuksena mainitaan ikävöinti, johon sisältyy halukkuus saada, mitä tarvitsee. Kyse on vanhurskauden nälästä ja janosta.

Katuvalla käännynnäisellä on hillitön halu saada kaikkea hyvää. Joka päivä hän haluaa olla parempi kuin eilen. Joka päivä hän haluaa päästä joistain synneistä eroon. Hän haluaa rukoilla. Hän ikävöi uutta tietoa ja uutta käsityskykyä taivaallisista asioista. Hän haluaa kuunnella saarnoja ja tekee kaikkensa päästäkseen niitä kuuntelemaan. Hän ikävöi uskovien seuraan ja heidän seuraansa päästyään hän kokee olevansa taivaassa. Vihamiehilleen hän toivoo pelastusta ja rukoilee heidän puolestaan.

Tässä esimerkkejä, mitä kaikkea katuvainen kääntynyt sisimmässään tahtoo ja haluaa.

ominaisuus, mikä kääntymisestä seuraa, on kiivaus. Se tarkoittaa kaiken hyvän ja kaikkien hyveiden puolelle asettumista ja kaiken pahan vihaamista. Kääntynyt puolustaa kiivaasti kaikkea oikeaa ja hyvää.

Kääntynyt puolustaa Jumalan kunniaa kiivaasti kaikkialla ja missä seurassa tahansa. Hän ei voi sietää, että pahat ihmiset pilkkaavat Jumalaa, häpäisevät hänen nimeään ja tallaavat hänen kunniaansa. Silloin kääntymyksen kokenut avaa suunsa ja nuhtelee näitä pahantekijöitä puolustaen Jumalan kunniaa jämerästi. Hän ei käyttäydy kuten ateistit ja takinkääntäjät, jotka ovat aina sitä, mitä muutkin. Eli he ovat uskovia uskovien parissa, protestantteja protestanttien seurassa, jumalattomia jumalattomien kanssa, paavin joukkoa paavin joukoissa ja maailman ystäviä maailman ystävien seassa. He sadattelevat ja käyttävät voimasanoja aina, kun muutkin tekevät niin. He vaihtavat suuntaansa kuin tuuliviiri, joka tuulen mukana.

Voin vakuuttaa, ettei kääntynyt ja katuva ole sellainen, vaan hän on vakaasti ja täysillä hyvän puolella. Kiivaana hän vastustaa syntiä silloinkin, kun hän voisi saada siitä nautintoa ja hyötyä. Hän seisoo pahaa vastaan, vaikka hän Jumalan vastaisilla toimilla voisi voittaa koko maailman kaikkine nautintoineen itselleen. Siitä huolimatta hän varoo tekemästä syntiä Jumalaa vastaan, sillä hän on ottanut opikseen Kristuksen sanoista: *Mitä se hyödyttää ihmistä, vaikka hän voittaisi omakseen koko maailman mutta saisi sielulleen vahingon?* (Matt. 16:26).

puhutaan hyvittämisestä ja vääryyden korjaamisesta. (*) Kun tehty synti painaa katuvaa, tämä tahtoo hyvittää ja korjata tekonsa.

Esimerkiksi jos on tullut mässäiltyä, haluaa korjata asian paastoamalla heti muutaman päivän. Jos on tehnyt syntiä seksielämän alueella, haluaa jatkossa aina hillitä ja hallita himonsa. Jos on ahneuksissaan ottanut toisten omaisuutta, haluaa korvata ja hyvittää kaiken, mitä on vienyt, toimien samoin kuin hurskas ja katuvainen Sakkeus. (Luuk. 19:8.)

On todellista parannuksen hedelmää, että korjaamme itsemme ja kaiken, siinä missä olemme toimineet väärin.

* Suomalaisissa raamatunkäännöksissä on tässä kohdin sana rankaisu, Geneva Biblessä sana *revenge*, hyvittäminen, kosto, korvaus.

Rakkaat veljeni, nyt näette, mitä kääntyminen pohjimmiltaan on eli mitä se pitää sisällään. Tämän käsittäminen avaa ja valottaa Kristuksen näitä sanoja: *ellette käänny, te kaikki tuhoudutte.* (Luuk. 13:15.)

Se tarkoittaa:

ellette pidä huolta siten kuin edellä on kerrottu, teidät tuomitaan kadotukseen.

Ellette puolustaudu ja puhdistaudu aiemmin kuvatulla tavalla, teidät tuomitaan kadotukseen.

Ellei teillä ole oikeanlaista paheksuntaa ja inhoa, teidät tuomitaan kadotukseen.

Ellei teillä ole oikeanlaista pelkoa, teidät tuomitaan kadotukseen.

Ellei teillä ole aiemmin kuvattua halukkuutta, teidät tuomitaan kadotukseen.

Ellei teillä ole oikeaa kiivautta, teidät tuomitaan kadotukseen.

Ja jos kieltäydytte korjaamasta ja korvaamasta tekemäänne pahaa, teidät tuomitaan kadotukseen.

Lakisaarnaa tarvitaan

Pelastajamme Kristus antaa kääntymiselle selkeän sisällön. Kääntyminen ei jää sanaksi, jolla ei ole sisältöä tai jonka sisältö jää epäselväksi. Kristus näyttää mitä kääntyminen on ja millaisia vaikutuksia sillä on.

Tästä seuraa että se, jolta puuttuu kääntymiskokemus, eli se, joka ei ole koskaan katunut, kääntynyt eikä tehnyt parannusta vähimmässäkään määrin, se ei ole oikeasti kääntynyt ja siksi hänen osansa on joutua tuhoon tuomituksi. *Ellette käänny, te kaikki tuhoudutte.*

Mutta minusta näyttää siltä, että muutamat sanovat nyt näin: Pelkkää tuhoa, tuomiota ja kadotusta! Sinähän et saarnaa mitään muuta kuin lakia. Me haluamme kuulla evankeliumia.

Veljeni, minä vakuutan teille, että se mitä puhun, lähtee rakkaudesta teitä kohtaan. Haluan hartaasti, että te kaikki pelastutte. Ja jos saisin voitettua vaikkapa kaksi koko tästä seurakunnasta, olisin onnessani ja tuntisin saaneeni työlleni Jumalan suuren siunauksen. Vakuutan myös, että jos saisin teidät oppimaan tuntemaan itseänne, jollain muulla tavalla kuin lakisaarnoja pitämällä, niin ilman muuta käyttäisin sitä tapaa, ihan varmasti. Tai jos tulisin siihen tulokseen, että teille olisi kaikkein parasta saada kuulla evankeliumia ja armon julistusta, niin en muuta teille saarnaisikaan kuin evankeliumia, evankeliumia ja armoa armon päälle.

Mutta ikäväkseni täytyy todeta, että jokainen uskonasioissa huoleton tai tietämätön nojaa silti Jumalan armon varaan. Kaikki siivotonta elämää viettävät ja Jumalaa julkisesti pilkkaavat käyttävät Jumalan armoa väärällä tavalla hyväkseen: he omivat armon itselleen, vaikka heiltä puuttuu kääntymys ja parannus. Näin he pitävät armoa syntiensä peitteenä.

Nähdäkseni jokainen haluaisi kokea pelkkää myönteistä hyväksyntää, tekipä hän sitten mitä pahaa ja syntiä tahansa. Niistä hän ei välittäisi kuulla, vaan hän kuuntelisi ainoastaan evankeliumin julistusta, vaikka tosiasiassa evankeliumi ei hänelle kuulu. Sitä hän kuitenkin kuuntelisi ja jatkaisi itsepäistä kulkuaan väärällä tiellä.

Evankeliumi kuuluu vain katuville syntisille, niille, jotka kieltäytyvät pahasta, niille jotka itkevät, huokailevat ja valittavat syntitaakkansa alla.

Joten, jos näkisin, että olette nöyrtyneet ja tulleet tuntoihinne, tiedostaneet syntinne ja syyllisyytenne, ja näkisin teidät itkemässä ja valittamassa syyllisyyden painolastin alla, jos näkisin kasvonne kostuneen kyyneleistä ja jos näkisin teidät sydän arkana huolehtimassa omasta pelastuksestanne; niin silloin lohduttaisin teitä enkä enää saarnaisi teille lakia.

Siksi kysyn teiltä: Aiotteko varastaa, murhata ja huorata, ja kuitenkin kuunnella armon sanaa?

Aiotteko puhua rumia, kiroilla, vannoa ja pilkata Jumalaa, ja kuitenkin kuunnella armon sanaa?

Aiotteko olla synnin palvelijoita, vihata hyvää ja hyveitä ja aiotteko olla himojenne ja halujenne vietävänä, ja silti kuunnella armon sanaa?

Laitatteko laastarin, ennen kuin teillä on haava? Tilaatteko lääkärin, ennen kuin sairastutte? Menettekö kupparille ennen kuin siihen on tarvetta?

Ettekö pitäisi sellaista lääkäriä hulluna, joka ryhtyisi parantamaan tervettä ihmistä? Tai eikö teidänkin mielestänne sellainen kirurgi toimisi taitamattomasti, joka voitelisi vanhan, märkivän haavan hienolla voiteella sen sijaan, että poistaisi haavasta märkivän kudoksen?

Veljeni, ymmärtäkää nyt, että koska te olette täynnä pahaa verta ja tautia, teidän täytyy saada voimakkaat ja puhdistavat lääkkeet. Ja koska te olette täynnä vanhoja märkiviä haavoja, teidät täytyy voidella sellaisella lääkevoiteella, joka irrottaa haavoista kuolleen kudoksen. Nämä hoidot ovat teille parasta, niillä tulette kaikkein nopeimmin terveeksi.

Ja koska te olette vikureita ja jukureita hevosia, teillä pitää olla yhtä jukuripäinen ohjastaja.

Kun puuseppä nikkaroi kovaa, visaista puuta, hänellä pitää olla lujat työkalut ja voimaa. Hänen on iskettävä puuhun kiilaa kovapuunuijalla.

Me saarnaamme lakia ajaaksemme teidät Kristuksen luo. Me julistamme tuomiota saadaksemme teidät etsimään armoa. Me saarnaamme kadotukseen joutumisesta, jotta te pelastuisitte taivaaseen.

Mutta armon ja anteeksiantamuksen julistaminen siinä vaiheessa, kun ihminen ei vielä näe syntejään eikä tiedosta omaa pahuuttaan ja onnetonta olotilaansa, on evankeliumin julistamista turhaan. Sillä se, joka ei tunne Jumalan lakia, ei myöskään tunne omaa pahuuttaan ja kurjuuttaan eikä voi tajuta Jumalan armollisuutta.

Minkälainen olisi sellainen isä, joka kuittaisi poikansa täydellisen tottelemattomuuden ja kaikessa vastaan panemisen pelkällä pään silityksellä eikä ollenkaan puhuisi tälle vakavia nuhteen sanoja tai antaisi piiskaa? *

Kuka työnantaja hyväksyisi, että työpaikalla tehdään mitä huvittaa, eikä sitä, mitä on käsketty tehdä.

Ei meidänkään tule olla tottelemattomia ja tehdä pahaa olettaen saavamme kehuja moitteiden sijaan.

Vaikka Jumala viiltää, keihästää, leikkaa ja tekee syvät haavat tutkiessaan meitä luihin ja ytimiin asti ja käyttää muitakin menetelmiä, jotka sattuvat kipeästi, niin hänen tarkoituksenaan on niiden avulla tehdä meidät terveeksi. Tämä meidän tulisi ymmärtää, samoin kuin sekin, että Jumalan on joskus ihan pakko käyttää kipeitä keinoja, kun muita vaihtoehtoja pelastamiseksemme ei ole. Meidät pitää puhdistaa paheistamme, ja tämä puhdistuminen ei tapahdu kivutta, vaan se sattuu, kun tiedostamme, mitä laki sanoo ja mistä laki meitä varoittaa omantuntomme syyttäessä meitä.

Vaikka tykkäisimmekin aina välillä saada kehuja ja että tekojamme katsottaisiin läpi sormien, niin silti hakeutukaamme kuuntelemaan vakavaa nuhdesaarnaa, jossa meidän omat vikamme nostetaan esiin, hävetäksemme niitä. Kuunnelkaamme halukkaasti, kun epärehellisyytemme paljastetaan.

*) Suomessa ja monessa muussa maassa on fyysinen kuritus lainvastaista. Suom. huom.

Älkäämme kaivatko kehuja ja kiittelyä, sillä ne pimittävät meitä näkemästä omaa sisäistä turmeltuneisuuttamme, ja mikäli emme sitä havaitse, mätänemme sisältäpäin. Meille käy huonosti, jos keskitymme ihmisten antamiin kehuihin, vaikka samaan aikaan taivaallinen Tuomari jyrisee meille.

Siksi olkoon jokaisella, joka tulee kuulemaan saarnaa, ensisijaisena tavoitteenaan saada kuulla moitteita sopivassa määrin. Kuulijan tulee käsittää, että on hänen etunsa, ettei häntä hyssytellä.

Ja jos hänellä on syyhyvät korvat, niin heittäköön ne luotaan eli luopukoon valikoivasta kuulostaan, muuten hän jää ulkopuoliseksi ja vaille opetusta, joka ohjaisi ja hyödyttäisi häntä.

Kuulijan tulee olla hyvillään siitä, että saarnan alla hänen haavansa revitään auki ja paljastetaan. Tämä on paranemisen edellytys.

Kun sairasta hoidetaan, miten se onnistuu, jos sairaalle annetaan juomista joka minuutti? Pitäisikö sairaalle tarjota veden asemesta viiniä? Pitäisikö hänelle antaa salaattia?

Tämä kaikki olisi sairaalle myrkkyä.

Lyhyesti sanoen ihminen, joka jatkuvasti tahtoo saada osakseen hyssyttelyä ja hyväksymistä, edesauttaa omaa kuolemaansa.

Entä sairaan hoidossa? Olisiko hoitajan paras noudattaa sairaan kaikkia mielihaluja vai olla noudattamatta, vaikka sairas kiristelisi hampaitaan, kun ei saisi haluamaansa?

Tästä ilmenee, että on tosi vaarallista kehuskella ja kiitellä ihmisiä ja julistaa heille armon sanaa, ennen kuin he ovat heittäytyneet maahan Jumalan tuomiot tuntien.

Älkää siis enää huutako täyttä kurkkua yli koko maan, että eräät eivät saarnaa mitään muuta kuin lakia, pelkkää lakia, tuhoa, kadotusta ja tuomiota. Mikäli näin huudatte, muistakaa syyttää myös Kristusta viisauden puutteesta, sillä juuri hän saarnaa ja huutaa, että joka ei käänny, se tuomitaan.

Omalta osaltani julistan evankeliumia niille, joille evankeliumi kuuluu, ja lakia niille, joille laki kuuluu. Julistan armoa niille, joille armo kuuluu ja tuomiota niille, joille tuomio kuuluu.

Siksi pysykää rauhallisina ja tyytyväisinä Jumalan viisaaseen ohjaukseen.

Mutta nyt jatketaan kysymykseen

MILLOIN MEIDÄN ON AIKA KÄÄNTYÄ?

Raamatun kirjoituksissa Pyhä Henki antaa kääntymisen ajankohdaksi nykyhetken ja kehottaa meitä kääntymään tässä ja nyt.

Mutta vielä nytkin, sanoo Herra, palatkaa minun luokseni kaikesta sydämestänne, paastoten, itkien ja valittaen (Joel 2:12).

Sama sisältö on Heprealaiskirjeen kolmannen luvun jakeessa 13: *Kehottakaa toisianne joka päivä, niin kauan kuin sanotaan "tänä päivänä", ettei kukaan teistä synnin pettämänä paatuisi.* Ja hiukan edempänä: *Tänä päivänä, jos te kuulette hänen äänensä, älkää paaduttako sydäntänne, niin kuin kapinoidessanne teitte.*

Joten nyt, juuri nyt, nyt on kääntymisemme aika. Nyt kun hän kutsuu, nyt kun hän puhuu, nyt kun hän kolkuttaa, niin kuunnelkaamme nyt ja noudattakaamme kutsua juuri nyt.

Tehdään nyt tänään, tänä keskiviikkona, tästä päivästä kääntymispäivä. Me, jotka olemme siirtäneet kääntymistämme jatkuvasti päivästä toiseen, me jotka olemme jo kauan paaduttaneet sydäntämme emmekä ole tarttuneet tarjottuun hyvään, vaan haaskanneet monet tilaisuudet. Olkoon tänään se päivä, jolloin käännymme tekemään parannuksen. Vaikka mikään saarna ei aikaisemmin olisi vaikuttanut meihin, niin antakaamme saarnatun sanan nyt vaikuttaa itseemme. Sanokaamme nyt, että tänään on kääntymispäiväni, enää en siirrä kääntymistäni tulevaisuuteen. Nyt tahdon kääntyä Jumalaani kohti. Tahdon hylätä entisen elämäni ja kaikki entiset pahat tapani. Haluan tehdä täydellisen suunnanmuutoksen ja aloittaa alusta.

Aion perehtyä Jumalan sanaan löytääkseni sanasta itselleni ohjeet, miten minun tulee toimia ja käyttäytyä eri tilanteissa. En tahdo tyytyä muutokseen vain itsessäni, vaan pyrin siihen, että kaikki meillä kotona, vaimoni, lapseni ja palvelijani, kokevat samanlaisen muutoksen myös.

Täten pyydän teitä, rakkaat veljeni, että teette sydämessänne nyt ratkaisun yhtään enää viivyttelemättä. Älkää olko kuin epikurolaiset tai armosta piittaamattomat, jotka sanovat, että nuoret ovat nuoria, antaa nuorten elää nuorten tavalla, jääköön pyhä elämä sikseen, sehän riittää, kun huokaisee rukouksen tuntia ennen kuolemaansa. Pidetään nyt hauskaa, kun kerran vaan ollaan nuoria ja käännytään parannusta tekemään sitten vanhoina.

Voi sieluparat! Te luulette, että parannus otetaan kuin kortti hihasta silloin, kun haluaa ja itselle sopii. Ei, se ei ole mahdollista. Tällaisesta luulottelusta joutuu maksamaan kovan hinnan.

Jumala hylkää näin ajattelevat, hän sallii heidän sydämensä paatua niin kovaksi, etteivät he pysty enää katumaan. Syynä on heidän jatkuva vitkastelunsa ja parannuksentekonsa siirtäminen sen takia, että ehdittäisiin nauttia synnistä mahdollisimman paljon, ennen kuin käännytään.

Siksi, veljet hyvät, älkäämme lykätkö asiaa päivästä toiseen, vaan *etsikäämme Herraa silloin, kun hänet voidaan löytää, huutakaamme häntä avuksi silloin, kun hän on lähellä* (Jes. 55:6). Nyt on aika, ja sanotaan, että aika ja vuorovesi eivät pysähdy odottamaan ketään. Katsokaa, nyt on meidän etsikkoaikamme, nyt Jumala etsii meitä.

Pelastajamme Kristus itki Jerusalemia, koska se ei tunnistanut etsikkoaikaansa. Hän moitti juutalaisia, joilla oli taito havaita, mitä taivaalla tapahtuu, mutta ei taitoa havaita ajan merkkejä. (Luuk. 19:41-44; Matt. 16.)

Varmasti koituu lopulta tuhoksemme, jos emme tunnista, että nyt on laupeuden päivä ja armon aika, että nyt on aika, jolloin Jumala ojentaa meille kätensä ja viisaus huutaa kaduilla (Sananl. 1:20).

Joten nyt, kun meillä on valo, vaeltakaamme valon lasten tavoin. Yö on tulossa ja silloin ei kukaan voi tehdä töitä. Kun tämä elämä on eletty, on liian myöhäistä huutaa armoa. Silloin on armon portit jo suljettu ja kääntyminen on liian myöhäistä.

Voi rakkaat kristityt, muistakaamme niitä viittä tyhmää morsiusneitoa, jotka tuhlasivat aikansa ja joilta siitä syystä suljettiin taivaan portit heidän edestään (Matt. 25:11).

Muistakaamme myös ökyrikkaan mässäilijän kauheaa ja pelottavaa esimerkkiä, miten hän valitti helvetin tuskissa ja pyysi huutaen saada edes kaikkein vähäisintä apua ja helpotusta, mutta ei voinut saada (Luuk. 16:24).

On satatuhatta kertaa parempi, että luovumme synneistämme nyt, pahoittelemme tekojamme nyt ja käännymme katuvina parannukseen nyt, kuin joskus myöhemmin, jolloin kaikki voi olla liian myöhäistä.

On huomattavasti parempi kärsiä vaivaa nyt, pakottaa itsensä irti pahanteosta ja tuntea tunnontuskia nyt, kuin joutua huutamaan tuskissaan helvetissä, sinne ikiajoiksi tuomittuna.

Me väsytimme itsemme pahuuden ja tuhon teillä ja kuljimme vaarallisia reittejä, mutta Herran tietä emme tunteneet. Mitä meitä hyödytti ylpeys tai rikkauksilla mahtailu? Kaikki se on haihtunut kuin varjo tai kiitänyt ohi viestinviejän tavoin. Me asetuimme Jumalan lapsia vastaan, herjasimme heitä ja väänsimme heistä vitsiä.

*Me tyhmät pidimme heidän elämäänsä hulluutena ja heidän
kuolemaansa kunniattomana. Mutta katso! Heidät on luokiteltu
Jumalan lapsiksi ja heille on suotu osa pyhien joukossa.*
(Viisauden kirja 5, KJV.)

Tiedostakaamme, milloin on aika jolloin meitä kutsutaan.
Älkäämme olko taivaan lintuja huonompia: *jopa haikara taivaalla
tietää aikansa, metsäkyyhkynen, pääskynen ja kurki pitävät kiinni
tuloajastaan.* (Jer. 8:7.)

Maanviljelijä tekee työnsä ajallaan. Merenkulkija tarkkailee
vuorovetten aikoja.

Käyttäkäämme mekin aikamme oikein ja kääntykäämme
palaamaan Herran luo, niin kauan kuin sanotaan: *tänä päivänä,*
siihen antakoon Jumala meille armonsa.

Neljänneksi selvittelemme

MIKÄ AUTTAA MEITÄ KÄÄNTYMÄÄN?

Olen havainnut yhdeksän asiaa, jotka edesauttavat meitä
kääntymään.

Ensiksi

Jumalan valtavan suuri armo johtaa meitä kääntymykseen. *Etkö
ymmärrä, että Jumalan hyvyys vetää sinua parannukseen*, kysyy
apostoli (Room. 2:4).

Jumala suo meille joka hetki laupeuttaan ja siunaustaan, niin
sisäisesti kuin ulkoisestikin. Kaiken hyvän, mitä meillä on,
olemme saaneet Jumalan kädestä. Kaikki on Jumalalta ja Jumalan.
Suuressa armossaan hän huolehtii kehostamme ja fyysisistä
tarpeistamme, mutta vielä suurempaa armoa hän osoittaa
sieluamme kohtaan. Kaikki saamamme siunaus, niin henkinen
kuin fyysinen, kutsuu meitä kääntymään.

Jumala antaa meille ruoan, juoman ja vaatteet, näin hän kutsuu
meitä kääntymään. Hän lahjoittaa meille kaiken omalla
kustannuksellaan, siten hän kutsuu meitä kääntymään.

Aurinko, kuu ja tähdet kutsuvat meitä kääntymään. Taivaan
linnut, meren kalat ja maan hedelmät huutavat meille kirkkain
äänin: Kääntykää! Tehkää parannus! Koko luomakunta vetää
meitä parannukseen. Luomisemme kutsuu, lunastuksemme kutsuu
meitä, pyhityksemme kolkuttaa ja valitsemuksemme vetää meitä
kääntymykseen. Mitä Jumala voisi enempää tehdä viinitarhansa
hyväksi, mitä hän ei ole jo tehnyt? Tehkäämme siksi parannus.

Toiseksi

meitä patistavat kääntymään Jumalan langettamat tuomiot. Kaikki salamat, vitsaukset ja rangaistukset, jotka Jumala on taivaasta syössyt kohti uppiniskaisia synnintekijöitä, maailman alusta alkaen, ovat lukuisina varoituksina meille, jotta heräisimme synnin kuoleman unesta, tuntisimme pistoksen ja tekisimme täyskäännöksen.

Kun apostoli on ensimmäisessä kirjeessään korinttilaisille maininnut monista ankarista Jumalan rangaistuksista, joita muinaiset israelilaiset saivat kärsiä monenlaisten syntiensä tähden, hän tekee päätelmän: *Tämä, mikä tapahtui heille, on esikuvallista, ja se on kirjoitettu varoitukseksi meille, joille on tullut maailmanaikojen loppukausi* (1 Kor. 10:11).

Raamattu kertoo tosi monista Jumalan rangaistuksista. Niistä lukeminen varoittaa, ohjaa ja vetää meitä kuin vahvoin köysin kohti kääntymistä. Kaikki Jumalan tuomiot ja rangaistukset, joista olemme lukeneet tai kuulleet, ja jollaisista luemme ja kuulemme päivittäin, saavat meidät tuntemaan kolkutuksen, väkevät iskut ja ankaran ruoskinnan omassatunnossamme. Tämän tarkoituksena on saada meidät kääntymään.

Kauheat hirviöt, omituisen ja epänormaalin syntyminen, tähtitaivaan liekehtiminen, tuntemattomat komeetat, yhtäkkiset kuolemat, kummallinen kuivuus, yllättävä lumentulo, kamalat tulvat, selittämättömät ihmeet, oudot ilmestykset, kauhea, tulta syöksevä taivas ja maa, joka vavahtelee jalkaimme alla ja paiskaa kotitalomme ylösalaisin, kaikki tämä on kuin viimeistä päivää.

Vertauskuvallisesti tässä on kuin jykevä, hirsirakenteinen nostokurki, joka vinssaa meitä vahvoin ja lujin köysin ylöspäin, kohti Herraa, katumuksen, kääntymyksen ja parannuksen kautta.

Kolmanneksi

Jumalan sana tervehdyttää ja eheyttää meitä, saadakseen meidät kääntymään. Jumala lähetti entisaikoina profeettansa, sekä varhain että myöhään, kutsumaan niskoittelevia juutalaisia kääntymykseen. Samoin hän lähettää nykyisinkin saarnaajansa ja viestinviejänsä kulkemaan ympäriinsä, puhaltamaan hänen sanansa pasuunaan ja kilistämään Aaronin suloisia kelloja. Näin hän tahtoo herättää meitä kääntymään. Mutta voi, miten vähän Jumalan lähettiläistä välitetään! Kuka kuulee heidän äänensä? Tämä on varmasti se viimeinen lääkitys ja hoito, jonka Jumala määrää, ja jos emme tämän avulla parane, niin ei sitten millään.

Neljänneksi

Sen loputtoman määrän syntiä ja pahaa, johon olemme syyllistyneet, tulisi ajaa meitä kääntymään, terävin tökkäyksin, yhtä monin pistoin kylkiimme, kuin tehtyjä syntejä on.

Pyhä Pietari sanoo: *Riittäähän, että menneen ajan olette noudattaneet pakanoiden tahtoa ja eläneet irstaudessa, himoissa, juoppoudessa, mässäilyissä, juomingeissa ja kauheassa epäjumalien palvelemisessa* (1. Piet. 4:3).

Joten nyt on aika kääntyä.

Voi, kunpa ihmiset katselisivat omaa menneisyyttään, omaa itseään ja elämäänsä, millaista se oli neljäkymmentä, kolmekymmentä, kaksikymmentä tai kymmenen vuotta sitten. Voi, kunpa he palauttaisivat mieleensä niin julkisesti kuin salaa tekemänsä pahat. Ajattelen, että niiden muisteleminen saisi heidän sydämensä itkemään verta. Voi, jospa he miettisivät, miten paljon he ovat käyttäneet aikaansa väärin, ja miten monesta hyvästä he ovat tahallaan jääneet ja jättäytyneet paitsi.

Viidenneksi

Elämämme lyhyys puhuttelee meitä vakavasti kutsuen meitä kääntymään. *Meidän elinpäivämme ovat seitsemänkymmentä vuotta, ja jos voimamme kestää, kahdeksankymmentä vuotta. Ja parhaimmillaankin ne ovat vaivaa ja turhuutta, sillä ne kiitävät ohi, ja me lennämme pois.* Näin sanoo profeetta Daavid. *Vuotemme haihtuvat kuin huokaus.* Siksi Daavid jatkaa: *opeta meitä laskemaan päivämme oikein, että saisimme viisaan sydämen.* (Ps. 90:9-12.)

Elämämme lyhyyttä ja kausiluontoisuutta verrataan Raamatussa ruohoon, savuun ja kankaankutojan sukkulaan, joka syöksyy tiehensä vauhdilla.

Niiden tavoin katoavat ihmisen elonpäivät, eikä kukaan osaa selittää miten. *Ihminen elää vähän aikaa ja on täynnä levottomuutta,* sanoo Job (Job 14:1).

Kokemus on opettanut, että tänään aamulla elossa oleva voi olla illalla kuollut. Kaikkien meidän on täältä lähteminen, kuinka pian, sitä emme tiedä. Pysyvää olinpaikkaa ei meillä täällä ole. Siksi kääntykäämme parannukseen.

Kuudenneksi

Taivaaseen pääsevien vähäisen määrän tulisi ajaa meitä kääntymään. *Kilvoitelkaa päästäksenne sisälle ahtaasta ovesta, sillä monet, minä sanon teille, yrittävät päästä sisälle mutta eivät voi.* Näin sanoo Kristus (Luuk. 13:24).

Toisessa kohtaa hän sanoo: *Miten ahdas onkaan se portti ja kapea se tie, joka vie elämään, ja harvat löytävät sen!* (Matt. 7:14).

Jos ihmiset pysähtyisivät tarkastelemaan näitä sanoja, he alkaisivat tutkia itseään ja selvitellä, kuuluvatko he tähän piskuiseen joukkoon vai eivät.

Seitsemänneksi

Kuolemanpelko saa aikaan kääntymishalukkuutta. Kuolema on luonnostaan pelottava asia, ja varsinkin sille, joka rypee tämän maailman nautinnoissa, on oman kuolevaisuuden muistaminen katkera ja paha paikka.

Kuolema ei säästä ketään, vaan kaikki ovat sen edessä samanarvoisia. Ei auta, vaikka olisi ystäviä, arvostettu asema ja omaisuutta. Kuolema on kamala, julma ja hirveä. Se tappaa heti paikalla jokaisen, jonka se kohtaa. Tehkäämme siksi parannus.

Kahdeksanneksi

Tuomiopäivän ja Ihmisen Pojan seuraavan tulemisen pitäisi havahduttaa meidät hereille.

Herran päivä tulee kuin (öinen) varas. Silloin taivaat katoavat pauhinalla ja alkuaineet kuumuudesta hajoavat, maa palaa ja kaikki, mitä siihen on tehty. Koska tämä kaikki näin hajoaa, millaisia teidän tuleekaan olla pyhässä elämässä ja jumalanpelossa, sanoo Pyhä Pietari. (2. Piet. 3:10, 11.)

Herra Jeesus ilmestyy taivaasta väkevien enkeleittensä kanssa tulenliekissä. Hän rankaisee niitä, jotka eivät tunne Jumalaa eivätkä ole kuuliaisia meidän Herramme Jeesuksen evankeliumille, sanoo apostoli. (2. Tess. 1:7, 8.)

Pyhä Johannes kertoo: *Minä näin suuren valkoisen valtaistuimen ja sillä istuvan. Hänen kasvojaan pakenivat taivas ja maa, eikä niille löytynyt sijaa. Näin myös kuolleet, suuret ja pienet, seisomassa valtaistuimen edessä, ja kirjat avattiin. Avattiin vielä yksi kirja, elämän kirja, ja kuolleet tuomittiin sen perusteella, mitä kirjoihin oli kirjoitettu, tekojensa mukaan. Meri antoi ne kuolleet, jotka siinä olivat, ja Kuolema ja Tuonela antoivat ne kuolleet, jotka niissä olivat, ja kukin heistä tuomittiin tekojensa mukaan.* (Ilm. 20:11-13.)

Näistä Raamatun kirjoituksista näemme, miten yllättävä ja pelottava on Kristuksen paluu hänen kirkkaudessaan ja kunniassaan. Hän ei enää tule köyhänä ja halveksittuna, kuten ensi käynnillään, vaan hän saapuu kuninkaana, arvokkaana ja loistokkaana voittosaattueessa. Hänen kaikki vihollisensa joutuvat syvän kauhun valtaan nähdessään, kun tuhoava tuli kulkee hänen edellään ja kymmenet tuhannet kertaa tuhannet palvelevaiset enkelit seisovat hänen rinnallaan. Silloin maan kuninkaat, ylimykset ja sotapäälliköt, rikkaat ja väkevät ja kaikki orjat ja vapaat kätkeytyvät luoliin ja vuorten uumeniin ja sanovat vuorille ja kallioille: "Kaatukaa päällemme ja kätkekää meidät valtaistuimella istuvan kasvoilta ja Karitsan vihalta, sillä hänen vihansa suuri päivä on tullut! Kuka voi sen kestää?" (Ilm. 6:15-17.)

Tässä on syy kääntyä ja tehdä parannus.

Viimeisenä eli yhdeksäntenä

asiana, jonka tulisi johtaa kääntymään, mainittakoon helvetin tuskat. Äärimmäisyydessään ne ovat kaikkein kauheinta ja sietämättömintä.

Siksi Kristus sanoo: "Jos kätesi viettelee sinua, hakkaa se poikki. Sinulle on parempi, että käsipuolena menet sisälle elämään, kuin että molemmat kädet tallella joudut helvettiin, sammumattomaan tuleen (missä heidän matonsa ei kuole eikä tuli sammu)." (Mark. 9:43, 44.)

48

Saamme tuntea kaikilla aisteillamme, miten Raamattu puhuu tosi pelottavasti tuomittujen oloista. Heidän kerrotaan olevan helvetin tulessa, kadotuksessa, ja järvessä, joka palaa tulta ja tulikiveä ikuisesti.

Jesajan profetiakirjan luvussa kolmekymmentä tätä paikkaa kutsutaan nimellä Tofet. Sillä aikoja sitten on polttopaikka valmistettu, kuninkaallekin se on varattu. Se on syvä ja leveä, sytykkeitä ja polttopuita on paljon. Herran henkäys, kuin tulikivivirta, sytyttää sen. (Jes. 30:33.)

Tällaiset puheet saavat meidät läpikotaisin kauhun valtaan, ne koskettavat tunteisiimme syvästi, ja joudumme aivan hämmästyksiimme.

Vaikka minulla olisi sadan miehen puhetaito, ei, mieluumminkin sadan enkelin puhetaito, en siltikään kykenisi kuvailemaan tuomittujen olotilaa sellaisena kuin tuomitut sen kerran tulevat kokemaan, ja te ette tajuaisi siitä sitäkään vähää.

Jos kaikki ihmisten keksimät kidutustavat ja kaikki ihmisten julmuus kohdistettaisiin yhteen henkilöön, se ei olisi mitään verrattuna siihen, mitä tuomituille tuleman pitää.

Me raukkaparat luulemme, ettei ole olemassa mitään tuskallisempaa kuin mahakipu tai ankara kuume. Mutta vaikka joku kärsisi yhtaikaisesti kipeistä vatsanväänteistä, korkeasta kuumeesta ja kaikista kovista taudeista, sekin olisi kuin hyttysen pisto tulevaan verrattuna.

Tuomittujen piina on loputonta, eikä siihen voi saada helpotusta tai lievitystä. Helvetin tuska jatkuu päivästä toiseen ja vuodesta vuoteen, lakkaamatta. Mitä kauemmin se jatkuu, sitä vähäisemmäksi heillä käy toivo sen loppumisesta.

Sitten kun on mennyt yhtä monta vuotta kuin ihmisten määrä on
maailmassa tai yhtä monta vuotta kuin tähtiä on taivaalla, sitten
kun on mennyt yhtä monta tuhatta vuotta kuin meren rannoilla on
kiviä tai hiekanjyviä, niin sittenkin edessä on satatuhatta kertaa
enemmän vuosia.

Ne, joita ei sanan kuuleminen tällä hetkellä liikuta, tuntevat ja
kokevat tuolloin murskautuvansa palasiksi.

Kaikki tämän maailman juopot, kiroilijat, haureuden harjoittajat,
koronkiskojat, sortajat, valehtelijat, pilkkaajat, herjaajat, hällä
väliä -tyypit, hauskat seuranpitäjät, räyhäävät rällästäjät, ylpeät
öykkärit, kovat jätkät ynnä kaikki muutkin, joilta puuttuu usko,
heidän kaikkien pitää saapua oikeuteen, jossa Jumala istuu
korkealla istuimellaan ja jakaa oikeutta kädessään paljastettu
koston miekka ja oikeuden valtikka. Hänen edessään heidän on
seisottava. Perkele, se vanha Saatana seisoo syyttämässä heitä
heidän toisella puolellaan ja toiselta puolen heitä tuomitsee heidän
omatuntonsa. Alapuolella ammottaa helvetin kita, valmiina
nielaisemaan heidät ikiajoiksi.

Tämän jälkeen heille julistetaan kauhea ikuinen kadotustuomio:
Menkää, te kirotut, ikuiseen tuleen (Matt. 25:41.)

Siellä he saavat pahuudestaan oikeudenmukaisen vastineen: he
joutuvat juomaan Jumalan iankaikkisen vihan katkeran kalkin
pimeyden valtakunnassa, siellä heillä on pelottavana seuranaan
Saatana ja kaikki Jumalan armon kirotut vihaajat. Siellä heidän
korvissaan kaikuu jyristen, julmasti ja lakkaamatta, Jumalan viha.

Siellä itketään ja kiristellään hampaita, siellä on kaaos ja
kärsimys, ja valitusääniä kuuluu loputtomiin.

Siellä heillä on niin paha olo ja syvä ahdistus, että se puhkeaa voimakkaiksi tuskanhuudoiksi, infernaalinen tuska saa heidät ulvomaan kuin koirat. Kiljuen ja kirkuen he huutavat:

"Voi minua, että yleensäkin olen syntynyt! Voi, kunpa en olisi koskaan syntynyt tai olisin syntynyt kuolleena, silloin minulla olisi paremmin kuin nyt. Kirottu on syntymähetkeni, kirottu se hetki, jolloin sain alkuni. Kirottu on päivä, jolloin aloin imeä äitini nännejä.

Olen ollut aina kirottu, kirottu olen nyt ja kirottu tulen olemaan ikuisesti. Voi, voi, kuinka suuri on kärsimykseni!"

Kenen sydän ei sula, kenen korvia ei kuumota ja keneltä ei nouse tukka pystyyn tällaista kuullessaan?

Siksi, rakkaat veljet, kääntykäämme nyt.

Jos Jumalan armo ei tunnu meistä kutsuvalta, niin pelätkäämme hänen tuomioitaan.

Jos hänen tuomionsa eivät pelota meitä, niin liikuttakoon hänen sanansa meitä.

Jos hänen sanansa ei liikuta meitä, järkyttykäämme omista synneistämme.

Jos syntimme eivät järkytä meitä, puhutelkoon meitä elinaikamme lyhyys.

Jos elämämme lyhyys ei puhuttele meitä, niin pelästykäämme taivaaseen pääsevien vähäisestä määrästä.

Jos se ei pelästytä, niin kauhistakoon kuolema meitä.

Jos kuolema ei meitä kauhista, niin hätkähdyttäköön tuomiopäivä meitä.

Jos tuomiopäivä ei meitä hätkähdytä, vavahduttakoon helvetin vaivat meitä ja särkeköön meidät palasiksi.

Sillä totisesti, totisesti, veljeni, jos mikään näistä ei tehoa meihin, eli jos minkään edellä mainitun johdosta emme käänny tekemään parannusta, vaan pidämme pintamme ja jatkamme entiseen malliin, niin meitä kaikkia kohtaa lopulta tuho ja meidät tuomitaan kadotukseen, niin on Kristus sanonut.

MIKÄ ESTÄÄ MEITÄ KÄÄNTYMÄSTÄ

Jatketaan nyt eteenpäin, seuraavaksi puhumme siitä, mikä tekee kääntymisen vaikeaksi ja estää meitä kääntymästä. Näitä seikkoja on kylläkin lukematon määrä, mutta otan tässä esiin seitsemän erityistä kääntymisen estettä.

Ensimmäinen este

on epäusko. Ei haluta uskoa kuultua Jumalan sanaa eikä mitään Jumalan sanalla perusteltua asiaa todeksi.

Tällainen asenteemme nyhtää meistä kaiken hyvän, myrkyttää meidät sisäisesti ja pitää meidät etäällä kaikesta hyvästä, mitä Jumala armossaan antaa.

Tässä esimerkkejä: *Heidän epäuskonsa vuoksi hän ei tehnyt siellä montakaan voimatekoa* (Matt. 13:58).

Heprealaiskirjeen neljännessä luvussa on sanottu näin: *Onhan hyvä sanoma julistettu meille niin kuin heillekin. Kuultu sana ei kuitenkaan hyödyttänyt heitä, koska se ei sulautunut uskossa niihin, jotka sen kuulivat.* (Hepr. 4:2.)

Eli tästä näkyy, että jos emme ota kuulemaamme sanaa – kuulimmepa sanaa vähän tai paljon – uskoen vastaan, sana ei avita meitä kohti kääntymistä.

Epäusko kiinnittää sydämemme Saatanaan. Epäusko torjuu kaiken terveellisen ja eheyttävän opetuksen, joka ohjaa pelastukseen. Tällä tavoin epäuskoiset lujittuvat pahassa elämässään niin koviksi, että ovat lopulta aivan tunnottomia. Sitten heitä ei kosketa mikään, ei Jumalan tuomiot eikä Jumalan armo. Puhetta Jumalan tuomiosta he pitävät tuulen huminana ja puhetta Jumalan armosta siivottoman elämänsä sallimuksena.

Huomaatte, että jotkut, kuultuaan että saarnassa on selkeästi tuomittu heidän pahat tekonsa Jumalan sanan perusteella ja osoitettu tällä perusteella myös, että heidät tullaan tuomitsemaan oikeudenmukaisesti kadotukseen, niin he eivät olekaan kiirehtineet kääntymään totiseen parannukseen. Sen sijaan he ovat tuoneet epäuskonsa esiin, tällaisin sanoin:

Jos tämä nyt on totta, niin Jumala meitä auttakoon, tosin itse en koe asiaa ihan noin. Katson voivani hyvittää tekoni, teenhän minä muutenkin hyvää riittävästi, ja onhan minun uskoni Jumalaan ihan kelpo ja hyvä, ja enhän minä tee kenellekään mitään pahaa. Pitäisikö minun luopua nautinnoistani ja eduistani vain siksi, että eräät sanovat niin? Mitä! Ajattelevatko he tosiaan niin, etteivät ketkään muut pelastu, kuin ne, jotka lukevat Raamattua ja kuuntelevat saarnoja? Herra varjelkoon! Totta kai nekin, jotka eivät käy saarnoja kuuntelemassa, pääsevät taivaaseen siinä, missä hekin. Miksei Jumalaa voisi palvella yhtä hyvin kotosalla, hyvien kirjojen parissa ja hyvien rukousten avulla, kuin tulemalla kirkkoon kuuntelemaan saarnaa ja osallistumaan jumalanpalvelukseen?

Voi, voi. Tällaiset ihmiset luottavat liikaa omaan valoonsa ja samalla paljastavat tyhmyytensä ja tietämättömyytensä. He luulevat pelastuvansa taivaan autuuteen jollain muulla kuin Jumalan säätämällä tavalla.

Haluavatko he kumota jotain, mitä Jumala on sanassaan vakaasti ilmoittanut, ja siten tehdä Jumalasta valehtelijan? Tai kun Jumala on säätänyt jotain ja osoittanut sen heille selvästi, haluavatko he silti vängätä vastaan?

Jumala on tehnyt meille selväksi, että hän on säätänyt sanan julistamisen meille pelastuksen välineeksi. Pitäisikö meidän toivoa pelastuvamme, vaikka halveksimme saarnattua sanaa, ja käymme hyvin harvoin, jos koskaan, sitä kuuntelemassa?

Eikö epäusko ilmene selvästi siinä, kun Jumala sanoo jotain, me väitämme vastaan. Kun Jumala sanoo kyllä, me sanomme että ei, eihän se niin voi olla.

Näillä keinoin katkaisemme itseltämme tien Jumalan armoon ja rakennamme itsellemme kääntymisen esteen.

Toisen esteen

muodostavat katteettomat oletukset Jumalan armollisuudesta.

Ne, joita on suorin sanoin moitittu heidän pahojen tekojensa vuoksi ja kannustettu kääntymään parannukseen, saattavat alkaa puolustella itseään vähin erin, sanoen:

Jumala on armollinen, Jumala on armollinen – aivan kuin Jumala olisi pelkkää armoa, aivan kuin hän ei olisi oikeudenmukainen eikä tuomitsisi lainkaan.

Tällä tavoin pahat ihmiset käyttävät Jumalan armoa omien pahojen tekojensa puolustuksena. Siksi profeetta Nahum nuhtelee heitä ankarasti profetiakirjansa ensimmäisessä luvussa näillä sanoilla: *Herra on pitkämielinen ja suuri voimassaan, mutta hän ei jätä rankaisematta* (Nah. 1:3.)

Mutta koska olen jo aiemmin puhunut vääristä olettamuksista koskien Jumalan armoa sekä armon väärinkäytöstä, niin en käsittele niitä nyt sen enempää. Tarkoitukseni on, että havaitsette tässä erityisen kääntymisen esteen.

Kolmantena esteenä

on enemmistön antama esimerkki. Kun muutkin tekevät syntiä ja väärää, niin sitä rohkaistuu itsekin tekemään samoin, ja samalla omatunto paatuu.

Näin on linnuillakin: kun ne lentelevät parvena, ne eivät osaa pelätä, ja joutuvat siksi linnustajan verkkoon. Sitä vastoin yksin tai kaksin lentävät linnut ovat valppaita ja varovaisia.

Jos ottaa monista ihmisistä ja varsinkin syntikumppaneistaan huonoa mallia, se tekee niin rohkeaksi, että sitä juoksee Saatanan ansalankoihin yhtään varomatta.

Siksi toisessa Mooseksen kirjassa on varoitus: *Älä ole joukon mukana tekemässä pahaa* (2. Moos. 23:2.)

Valtavan moni estyy kääntymästä kohti Jumalaa sen takia, etteivät he nosta katsettaan ylös, Jumalan suuntaan tai hänen sanansa suuntaan, vaan he tuijottavat siihen, miten enemmistö ihmisistä toimii, ja ottavat maailmasta mallia. Kun elämme, kuten muutkin, he ajattelevat, ja elämme kuten isämme ja isämme isät ovat eläneet ennen meitä, niin pysymme vakaalla pohjalla turvallisesti.

Tästä on syntynyt heidän helvetillinen sanontansa: *Tee niin kuin muutkin, niin et joudu silmätikuksi.* Unholaan on heiltä joutunut Pyhän Paavalin ohje: *Älkää mukautuko tämän maailmanajan menoon* (Room. 12:2.)

Enemmistöön tukeutumista nämä kaverit perustelevat näin: Me näemme, ettei kukaan maailman mahtava, ei kukaan aatelinen, ei kukaan rikas, ei kukaan viisas ja harkintakykyinen kelpuuta tätä uskonoppia itselleen. Se kelpaa vain joillekin ryysyisille kiertolaisille ja arvottomille kerjäläisille.

Se on sen merkki, ettei tällainen uskonkäsitys ole mistään kotoisin, vaan se on täysin arvoton ja epäilyttävä, eikä meidän tule olla tällaisen uskon kanssa missään tekemisissä.

Katsokaa, millaisia ajatuksia voi hiipiä mieleemme ja miten viekkaasti Saatana voi harhauttaa meitä. Se voi johtaa meidät silmät sidottuina eksymään pimeyteen saatuaan meidät ensin hullun lailla luottamaan enemmistön tekemiin ratkaisuihin ja seuraamaan niitä.

Meidän on syytä varoa sudenkuoppia, joita Saatana kaivaa tiellemme, varoa edellä mainittuja ajatuksia ja niiden perusteita, jotta ne eivät veisi meitä mennessään.

Pahat ihmiset ovat mielestään voittajia ja voittomaalin tekijöitä, vaikka peliä ei ole vielä pelattu, sillä pelipäivän sarastukseen on vielä aikaa, kun kukkokaan ei ole vielä kiekunut. He juhlivat taistelussa saamansa voittoa, vaikka taistelu ei ole edes alkanut, eikä yhtään iskua ole vielä lyöty.

He ovat mielestään voittajia siksi, kun meitä on vain kourallinen ja heitä taas on valtava joukko. Niissä tunnelmissa he puuhaavat meidän tappamistamme, ja siihen on koko maailma myötämielinen.

Tällä tavoin perkele sumentaa heidän silmänsä ja johdattaa heidät tarkoin pois kääntymyksen tieltä.

Siksi, rakkaat veljet, pysykäämme lujasti Herran sanassa. Älkäämme antako enemmistön viedä meitä harhateille, ja älkäämme taipuko ja vaipuko, kun tämä raivokas suuri joukko käy meitä vastaan voimakkaana virtana. Nähkäämme silloin, että Saatana käyttää heitä välineenään ajaakseen meidät pois katumukseen ja parannukseen johtavalta tieltä.

Neljäntenä kääntymisen esteenä

on pitkällinen tottuminen tekemään pahaa ja väärää. Se saa synnin tekemisen tuntumaan tavalliselta, pahanteko ei tunnu enää pahalta, omatunto ei kolkuta eikä synti tunnu miltään. Tottumus on toinen luonto, sanotaan. Toimimme vakiintuneilla tavoillamme, ja niistä on tullut niin olennainen osa omaa itseämme, että niiden muuttaminen tai karistaminen yltämme on samaa kuin oman ominaisluonteemme muuttaminen.

Siksi on sanottu: *Voiko musta murjaani muuttaa ihonsa tai leopardi täplänsä? Sittenhän tekin voitte tehdä hyvää, te pahantekoon tottuneet.* (Jer. 13:23 GB.)

Tässä profeetta korostaa, miten vaikeaa on parantaa luihin asti levinnyttä pitkällistä sairautta, syntiä, jota olemme hautoneet ja kasvattaneet povellamme. Se on yhtä vaikeaa kuin mustan murjaanin peseminen valkoiseksi tai leopardin täplien poistaminen, se ei onnistu tekemättä fyysistä tuhoa.

Jokainen, joka yrittää päästä irti vanhoista tavoistaan, olipa sitten kyse voimasanojen käytöstä, pelaamisesta, valehtelusta, väärästä seksin harrastamisesta, huonossa seurassa oleilusta tai mistä ikinä synnistä, tulee huomaamaan, että irtiotto on yhtä haastavaa kuin etiopialaisen peseminen.

Siksi on kirjoitettu: *Jos survot hullua huhmaressa, survimella soran seassa, ei lähde hänestä hänen typeryytensä* (Sananl. 27:22).

Niin kauan kuin me harrastamme pahantekoa vanhaan, tuttuun tapaamme, niin kauan on meiltä salvattu kiinni kääntymyksen ovi.

Viidentenä kääntymisen esteenä

on pitkäaikainen rangaistuksen välttäminen. Se vahvistaa
pahantekijää jatkamaan pahojaan ja etäännyttää häntä
parannuksen tekemisestä. Vertauskuvaksi sopii vanha varas, joka
on varastellut kauan ja onnistunut välttämään sekä vankilan että
hirsipuun. Hän intoutuu jatkamaan pahantekoaan yhä
rohkeammin, luullen voivansa välttää lain kouran ikuisesti.

Erittäin monet siivotonta ja moraalitonta elämää viettävät jatkavat
kauheaa elämäänsä parannusta tekemättä. He otaksuvat, että kun
Jumala ei ole heti rankaissut heitä eikä kohdistanut heihin
tuomioitaan ja vihaansa näyttävällä tavalla, niin mitään
rangaistusta ei ole tulossakaan.

Toisaalta, jos Jumala löisi heidät maahan heti, kun he ovat tehneet
jotain pahaa, jos Jumala jyrisisi yhdelle, iskisi salamoita toiselle ja
lähettäisi tulta ja tulikiveä sateena kolmannelle, se saisi heidät
kauhun valtaan.

Näistä asioista kerrotaan toisessa Pietarin kirjeessä: *Ennen muuta
tietäkää se, että viimeisinä päivinä tulee pilkkapuheineen
pilkkaajia, jotka vaeltavat omien himojensa mukaan. He sanovat:
"Missä on lupaus hänen tulemuksestaan? Onhan siitä lähtien, kun
isät nukkuivat pois, kaikki pysynyt ennallaan luomakunnan alusta
asti."* (2. Piet. 3:3,4.)

Tällaisten ihmisten tulisi selvästi tiedostaa, että vaikka Jumala on
odottanut yhä kauemmin ja kauemmin ja antanut pahantekijöille
lisäaikaa, niin lopulta hän on kuitenkin tekevä selväksi, että
odottaessaan heidän kääntymistään ja parannuksen tekoaan, hän ei
suinkaan ole unohtanut heidän pahoja tekojaan. Hän on kirjannut
kaiken muistiin ja koonnut ne korkeaksi pinoksi, joka saa hänen
vihansa kiivauden yltymään.

Kuudenneksi kääntymisen esteeksi

nousevat havainnot kuolemantapauksista.

Kyse on niiden kuolemasta, jotka ovat Jumalan armoa vailla
viettäneet huonoa elämää ja olleet maailmassa kaikkien hyvin
tuntemia julkisyntisiä. Kuolinvuoteellaan he sanovat jotain hyvää,
huutavat Jumalalta armoa, lausuvat rukouksensa ja antavat koko
maailmalle anteeksi ja sen jälkeen he kuolevat rauhallisesti.

Hämmästyttää kuulla, miten typerät maailman ihmiset ylistävät
heitä ja pitävät heitä autuaina ja vanhurskaina ja kuvailevat heitä
näillä sanoilla: Hänen kuolemansa ja loppunsa oli erittäin hyvä,
ihan parhaanlainen. Hän kuoli hiljaisena kuin karitsa, ja hän oli
järjestänyt kaikki asiansa kuntoon ennen kuolemaansa.

Tästäkös rietas syntielämän viettäjä saa lisää puhtia!

Hän tekee päätelmän: Jos tämä vainaja, joka oli elänyt yhtä
holtittomasti kuin minä tai muut, koki tosi hyvän kuoleman,
miksipä ei minunkin loppuni olisi samanlainen?

Voi miten ihmiset ovat sokeita!

Kuolla rauhallisesti ei ole sama kuin kuolla Jumalan omana.

Armon anominen Jumalalta ei ole sama kuin Jumalan armon
saaminen.

Muutaman ulkoa opitun rukouksen lausuminen ei ole sama kuin
kuolla Kristukseen uskoen.

Monet tekevät kaiken edellä mainitun, mutta kuolevat silti
onnettomasti.

Viimeiseksi eli seitsemänneksi kääntymisen esteeksi

tulee se, kun toivotaan ja luotetaan siihen, että oma elämä on pitkä. Tämän toivon elättely vajottaa syntiin ja siirtää kääntymispäivää kauas.

Näin oli rikkaan miehen laita. Haaveillessaan pitkästä elinajasta hän heitti pois mielestään kaikki ajatukset Jumalasta, toisesta elämästä, Kristuksen paluusta, katumisesta, kääntymisestä, parannuksesta ja kaikesta hyvästä. *Hän sanoi itselleen: Sieluni, nyt sinulla on varastossa paljon hyvää moneksi vuodeksi. Lepää, syö, juo ja iloitse!* (Luuk. 12:19).

Tällä tavoin maailman sokeat ihmiset häivyttävät ja tukahduttavat mielestään ajatukset kääntymisestä, he tuudittautuvat siihen, että elämä on pitkä ja aikaa riittää.

KÄÄNTYKÄÄ KOHTI JUMALAA

Jumalan armahtavan laupeuden kautta Jeesuksen Kristuksen sydämeltä, kehotan siis teitä, rakkaat veljeni: älkää kukaan teistä antako minkään estää itseään kääntymästä nopeasti ja vilpittömästi. Voittakaa kaikki esteenne, jotta ei kävisi niin onnettomasti, että lopuksi teidät löydettäisiin parannukseen kääntymättöminä, synneissänne kiinni. Siinä tapauksessa olette tuhoon tuomitut, Kristuksen tuomiolauselman mukaan.

Joten nyt päätteeksi,

Hurskaan Hiskian tavoin olkaamme peloissamme Jumalan uhkauksista, huolehtikaamme kaikesta ajoissa, seisokaamme Jumalan edessä häntä kunnioittaen tutkimassa omaatuntoamme, ja valittelemassa ja pahoittelemassa syntejämme koko sydämestämme, jotta silloin, kun täällä alhaalla nautinnoissa rypeneet pahantekijät astuvat ikuiseen piinaansa, me voisimme päästä ikuiseen rauhaan ja lepoon. Ja jotta silloin, kun Jeesus Kristus ilmestyy taivaasta kaikkien pyhien enkeleittensä kanssa, me voisimme saada kunnian ja voiton kruunun päähämme ja voisimme hallita Jumalamme kanssa ja meidän pelastajamme, Jumalan Pojan kanssa ja kaikkien hänen pyhiensä ja enkeleittensä kanssa keskellä taivasta ilossa ja riemussa iankaikkisesti.

Siihen iloon johtakoon hän meidät kaikki, hän, joka on niin kalliisti meidät ostanut, Jeesus Kristus Vanhurskas.

Hänelle Isän ja Pyhän Hengen kanssa olkoon kaikki kunnia, kirkkaus, ylistys, voima, valtakunta ja valta nyt ja ikuisesti.

Aamen. LOPPU.